长江经济带 高校科技成果转化效率及 空间效应研究

周倩倩◎著

TRANSFORMATION EFFICIENCY AND SPATIAL EFFECT OF
SCIENTIFIC AND TECHNOLOGICAL ACHIEVEMENTS IN
UNIVERSITIES IN THE YANGTZE RIVER ECONOMIC BELT

经济管理出版社
ECONOMY & MANAGEMENT PUBLISHING HOUSE

图书在版编目（CIP）数据

长江经济带高校科技成果转化效率及空间效应研究/周倩倩著 . —北京：经济管理出版社，2024.1

ISBN 978-7-5096-9607-1

Ⅰ.①长… Ⅱ.①周… Ⅲ.①长江经济带—高等学校—科技成果—成果转化—研究 Ⅳ.①G644

中国国家版本馆 CIP 数据核字（2024）第 041274 号

组稿编辑：丁慧敏
责任编辑：丁慧敏
责任印制：黄章平
责任校对：张晓燕

出版发行：经济管理出版社
　　　　　（北京市海淀区北蜂窝 8 号中雅大厦 A 座 11 层　100038）
网　　址：www.E-mp.com.cn
电　　话：（010）51915602
印　　刷：唐山昊达印刷有限公司
经　　销：新华书店
开　　本：720mm×1000mm/16
印　　张：10.5
字　　数：139 千字
版　　次：2024 年 3 月第 1 版　　2024 年 3 月第 1 次印刷
书　　号：ISBN 978-7-5096-9607-1
定　　价：98.00 元

前　言

在全球新一轮产业变革和科技革命背景下，以科技创新驱动高质量发展是我国建立现代产业体系的内在要求。《中共中央关于制定国民经济和社会发展第十四个五年规划和二〇三五年远景目标的建议》提出，坚持创新在我国现代化建设全局中的核心地位，把科技自立自强作为国家发展的战略支撑。高等学校是我国科技创新的重要生力军，是建设创新型国家的重要力量。但是，目前在我国高校科研体系中，仍然存在与国家科技强国战略不匹配、不顺畅的环节，降低了高校科技成果转化成效。因此，量化评价高校科技成果转化效率，并探索影响高校科技成果转化的关键因素，不仅可以有效识别高校科技成果转化过程中的难点和重点，也可以为我国高校科技成果转化体制改革提供重要的理论指导和技术支撑。

本书以创新价值链理论为基础，在国内外相关文献综述的基础上，将高校科技成果转化活动分为成果化产出和商业化产出两个阶段，以求更加全面地评估高校科技成果转化效率。本书以中国最具创新活力的长江经济带高校作为研究对象，在深入量化区域内高校科技成果转化效率时空特征的基础上，探究影响高校科技成果转化效率的传导路径和作用机理的内外部因素及潜在的内外部影响因素的空间效应。本书按照"评价机制构建—影响因素评估—空间效应分析"的逻辑线条，从内部投入产出和外部经济社会两个维度，揭示了长江经济带高校科技成果转化效率的影响机理与提升策略。本书主要取得了如下研究成果：

（1）构建了创新价值链视角下的高校科技成果转化效率评价模型。高校科技成果转化具有多投入、多产出、多环节的特征，需要从全局视角分析高校科技成果转化活动。本书基于创新价值链理论，通过对高校科技成果转化各个环节的判别，将高校科技成果转化创新价值实现过程分为成果化产出和商业化产出两个环节，并在分析两次投入产出的基础上，将高校科技成果转化效率评价分解为成果化产出效率评价和商业化产出效率评价两部分。在科技成果投入环节，本书不仅分析了人力资本和科研经费的作用，而且检验了中介投入的作用；在科技成果产出环节，在传统的论文和专利产出的基础上，创新性地将科技成果转让的相关指标（如科技成果转让合同金额）纳入评价体系，构建了创新价值链视角下的高校科技成果转化效率评价模型。

（2）探索了长江经济带高校群体科技成果转化效率的时空分布特征。本书以长江经济带高校群体为研究对象，在前文构建的高校科技成果转化效率评价体系的基础上，使用两阶段 DEA 模型量化了研究区域内高校科技成果转化效率，并分析了高校科技成果转化效率在不同维度上的时空分布特征。结果显示，长江经济带高校科技成果转化综合效率离生产前沿面较远，尽管在成果化产出阶段的效率较高，但在商业化产出阶段的效率却很低。全要素生产率分解的结果显示，技术进步是阻碍长江经济带高校科技成果转化的主要原因。因此，长江经济带高校科技成果转化工作的重点是进一步提升技术进步水平，并不断强化科研队伍建设，提升高校科技成果的社会应用价值。

（3）揭示了内外部要素对高校科技成果转化效率的传导路径和作用机理。本书在综合分析现有文献的基础上，结合高校科技成果转化特征，从内外部两个维度分析了高校科技成果转化效率影响因素的传导路径和作用机理。采用有截断的 Tobit 模型分析内外部要素对高校科技成果转化的综合效率、成果化产出效率以及商业化产出效率的影响。研究结果显示，高校科技成果转让合同数量和金额对综合效率有显著的促进作用，科技服务经费对高校综合效率有一定的抑制作用。不同类型高校的分组回归结果表明，由于其属性特色以及学科门类差异，内外部影响因素对高校科技成果转化效率的作用缺乏明显的规律性。对于长江经济带高校群体而言，需要根据不同院校的学科特色建立相应的科技成果转化效率提升机制。

（4）探究了长江经济带高校科技成果转化效率的空间效应。本书基于空间杜宾模型，分别测算了分省份以及分类型的高校科技成果转化效率的空间特征及影响因素的作用机理。结果显示，高校科技成果转化效率总体表现为正向的相关性，但不同类型院校空间相关性存在很大的差异。但是，在科技成果转化的过程中，不管是总体而言还是具体阶段而言，科技成果转化效率在空间上均呈现出负向的相关性，说明区域内科技成果转化中的扩散效应是非常不理想的，各省份之间需要重视和加强区域内的整体协同布局及实质性科技成果交流合作和推广机制，扩大创新成果共享规模和质量。

（5）从科技成果转化体制机制、产学研合作的技术创新体系、高校科技创新评价体系、加强高校科技创新活动的区域协同发展等方面提出了相关的政策建议，并对本领域未来的研究进行了展望。

本书的创新点主要包括以下两个方面：

（1）构建了高校科技成果转化的"成果化—商业化"两阶段评价模型。本书基于创新价值链理论，将高校科技成果转化活动分为成果化产出和商业化产出两个阶段，从而将我国高校科技创新活动进行细化，同时有效分析各个环节的转化效率及内外部影响因素，丰富了高校科技成果转化效率研究的理论。

（2）将高校各阶段转化效率与空间效应相结合，系统地考察了成果化产出效率和商业化产出效率的空间相关性和外溢性问题。本书将投入产出、产业机构、人力资本、经济发展、政府支持等内外部因素创新性地纳入影响因素实证分析，并将高校各阶段转化效率与空间效应结合起来，运用相关理论系统地考察了"成果化—商业化"两阶段转化效率的空间相关性和外溢性问题，为我国高校科研管理体制改革提供了新思路。

目　录

1 绪论

1.1 研究背景与研究意义

1.1.1 研究背景

目前，科技创新已成为社会发展新引擎，实现从科学到技术与从技术到经济"并驾齐驱"来支撑我国经济高质量发展的关键是科技成果转化。党的十八大提出了创新驱动发展战略，党的十九大报告指出，要建立以企业为主体、市场为导向、产学研深度融合的技术创新体系，加强对中小企业的创新支持，促进科技成果转化。党的十九届五中全会提出，要坚持创新在我国现代化建设全局中的核心地位，把科技自立自强作为国家发展的战略支撑。科技成果有效转化是实现从科学到技术再到经济的关键环节，是实现知识经济快速发展的重要环节。科技成果只有转化为生产力，才能加快建设现代产业体系，提升生产效率，形成科技创新与提高生产要素质量的良性循环。

科技创新能力是驱动社会不断进步的重要力量。我国的基础研究和科技成果主要来源于高校，应用技术创新也大多源自高校。据统计，高校拥有60%以上的国家实验室，80%左右的国家自然科学基金项目和近70%的国家自然科学奖和技术发明奖都出自高校①。因此，能否将高校的科技成果高效转化成为生产力，对于实现教育、科技与经济的深度融合具有重要意义。高校不仅是我国技术创新体系的生力军、国家知识创新体系的主力军，同时也是国家、区域创新体系的重要组成部分，然而我国高校科技成果转化的情况并不理想。根据国家教育部发布的《中国高校知识产权报告》，我国高校专利转化率大多在5%以下，科技成果转化率仅在10%上下。然而，西方部分发达国家高校科技成果转化率目前已达60%，其中美国已高达80%②。可见，现阶段我国高校科研成果转化效率还有很大提升空间，亟须通过科研管理体制改革推动高校科技成果转化。

对于如何合理评价国内高校科技创新资源的投入产出效率并提供技术支撑这一问题，国内外学者进行了深入研究。但是，高校科技创新活动具有系统性、复杂性、局限性的特点，较少有研究深入揭示高校科技成果转化活动的内在变化与演化规律。结合我国当前科技创新活动的发展现状，仍然有以下问题值得深入探究：①把高校科技成果转化活动看作技术创新的全过程，该过程包含了哪些环节，各环节之间的关联有效性如何；②高校科技成果转化效率受到了哪些内外部因素的影响；③高校科技成果转化效率是否存在空间溢出效应，对科学调整高校科技投入布局的启示如何；等等。

---

① 唐莉莉，王宇翔. 基于创新驱动发展战略的高校人才管理机制探究 [J]. 人才资源开发，2018 (24)：16-18.

② 本刊编辑部. 提高科技成果转化率，提升科技创新驱动力 [J]. 中国高新区，2016 (3)：3.

基于以上问题，本书从国家科技强国战略和高校科研体制改革出发，选择长江经济带高校作为典型案例进行分析。依托长江流域丰富的长江经济带科教资源，地理区位涉湖北、江苏等 9 个省以及上海、重庆 2 个直辖市，横跨我国东、中、西三大区域。作为全国科技创新的集聚区，梳理长江经济带高校科技成果转化的现状，识别出转化体系中存在的问题，以及剖析长江经济带高校科技成果转化的关键影响因素和科学实施路径，对于提升高校科技成果转化效率、推进全国范围内高校科研体制改革均具有重要的理论意义和现实意义。

本书以高校科技成果转化效率测度与提升机制为出发点，致力于通过系统的理论分析和实证研究，科学地构建科技成果转化效率评价模型，寻求提升科技成果转化效率的路径，力图从理论上解释影响科技成果转化效率的内在机制，并探究其影响因素的传导机制和作用机理，为决策者制定具有针对性的政策提供理论参考和决策依据。

1.1.2 研究意义

科技创新是国家富强、民族复兴的中坚力量。作为我国科技创新体系的主要部分，高校为我国科技产出做出了重要贡献，但由于缺乏成熟的科技成果转化机制，我国高校科技成果转化体系与现代产业体系间仍存在不协调、不顺畅的环节。本书围绕高校科技成果转化效率这一核心问题，通过构建高校科技成果转化效率评价机制，并以中国最具代表性的长江经济带高校群体为例，在评价科技成果转化效率的基础上，分析了内外部因素影响高校科技成果转化效率的路径和作用机制。本书的理论意义和实际意义具体如下：

（1）在理论上，构建了高校科技成果转化评价模型，使高校科技成果转化领域的相关理论研究得以丰富和发展。传统科技创新和科技成果研究受制于研究数据的可得性和相关理论的不完善，很少从定量化的角度对高校科技成果转化率进行评估，缺乏对高校科技成果转化内外部因素的传导机理和作用机制的实证研究。为此，本书在获取相关数据的基础上，以长江经济带高校群体为例，通过构建高校科技成果转化评价机制，深入探究了内外部要素作用于高校科技成果转化效率的传导路径，从而进一步丰富了我国科技创新和科技成果转化的理论研究。

（2）在实践上，探索了提升长江经济带高校科技成果转化效率的策略，有助于促进长江经济带高校科技成果转移转化，以促进长江经济带区域经济高质量发展。测度长江经济带高校科技成果转化效率，并分析内外部要素对转化效率的作用机理，有利于揭示长江经济带高校科技创新体系存在的不足。分析社会经济要素和管理要素在我国高校科技体制改革中的不顺畅环节，在理顺高校科研体系关系、不断释放高校科技创新活力、强化长江经济带科研优势及推动区域优势产业转型升级等方面具有重要的现实意义。

1.2 高校科技成果转化的国内外实践

1.2.1 国外高校科技成果转化实践

从世界范围来看，不少国家在探索科技成果转化方面有悠久的历史和丰富的经验。如美国的科技园和工业园等完善的制度体系极大地促进了科技成果的转化，并推动了科技经济协同发展。英国、日本通过建立大学科技园、孵化器、技术转移转化创新平台等科技中介机构来促进科技成果转化。

（1）美国高校科技成果转化现状。美国主要依靠政府机构制定并实施相关政策与科技计划来促进高校科技成果转化。1990年，通过实施"先进技术计划"，政府为高校参与的优秀项目提供了15亿美元资金；1992年，通过实施"小企业技术转移研究计划"，将高校研发这一天然优势与中小企业的经营结合起来，将科学技术从实验室推广到市场中，紧密结合市场需求。除此之外，美国国家科学基金会通过对各大高校进行资助，成立了"大学—产业合作研究中心"等，既能培养高校人才，又能承担交叉学科研发任务，把科技成果从产生、中试到商业化各个环节串联起来，为美国产业的高质量发展提供了源源不断的创新动力。

美国主要通过成立大学技术管理人协会来负责举办各类培训、出版相关刊物、进行年度统计调查等活动。目前，大学技术管理人协会已在全球范围内构建了技术转移网络，其会员单位涵盖政府、各类协会、各大高校、相关企业，已成为旨在推动知识产权运营及成果转化的国际化组织。除此之外，美国还有政府—大学—产业研究圆桌会议、国家小型工商投资企业联合会等科技中介组织，发挥桥梁纽带和助燃剂的作用。

近年来，美国已经形成了相对完善的相关法律法规体系，为促进科技成果转化提供制度保障。20世纪80年代以来，美国政府陆续颁布了《技术创新法》《拜杜法》《联邦技术转移法》等一系列法律法规，全面系统地对高校科技成果归属处置、收益分配、机构设置、激励设计进行了明确界定，极大地提高了高校申请专利及对科技成果转化的积极性。

（2）日本高校科技成果转化现状。日本由文部科学省主管科技发展、科技成果转化。下设的日本科学技术振兴机构负责人才培养、科技专利申请、咨询服务等。同时，日本还有大学技术转移机构等组织机构共同促进日本高校科技成果转化。在设立相关管理机构的同时，日本政府为了促进高校科技成果转化出台了一系列计划。2001年，日本经济产业省通过实施中小企业支援型研发事业计划来促进研究所与企业开展合作；2003年，实施产业技术研究培育事业计划，通过提供补贴、资助，使中小企业与科研人员结合形成研发团队，为企业技术问题提供解决方法。在第三期《科学技术基本计划》（2006-2010）中提出要对科技体系进行深化改革，并提出了三项专项计划来促进高校科技成果转化。

在立法方面，日本于1986年出台了《研究交流促进法》，随后出台了一系列法令，促使高校相继成立了"共同研究合作中心"，构建了高校产学研合作模式，有力地促进了日本高校的科技成果转化。

（3）英国高校科技成果转化现状。英国高校科技成果转化的政府主管部门是商务、创新和技能部。英国政府特别重视科技成果转化，专门制订了教学公司计划、法拉第合作伙伴关系计划等，并投资创建了科学企业挑战基金，以及成立了8个大学创业中心，对科技创新的全过程给予帮助和支持。英国政府还构筑了区域技术交流网络，帮助企业高效地从高校获得技术支持和知识创新支撑。英国政府还特别注重成果转化专业人才的培养，不断加强从业人员的教育和主题培训，打造了一支精通专业、信息渠道宽、市场嗅觉敏锐、擅长打通公共关系的专业化队伍。

英国于1965年颁布国家科技发展基本法——《科学技术法》，对科学研究的责任和义务进行了明确。《应用研究合同法》《公正合同条款法》《竞争法》的相继出台，规范了科技成果转化的渠道和市场秩序。1988年，英国政府颁布了《我们竞争的未来——构筑知识经济》白皮书，于2000年发布了《卓越和机会——21世纪科技创新政策》白皮书，2002年发布了《为创新投资——科学、工程与技术的发展战略》白皮书，2008年又出台了《创新国家》白皮书，一系列政策的出台，为英国科技成果转化提供了制度保障。

英国拥有现代化、专业化的国家大学技术转移协会，并且大部分高校已成立大学技术转移中心，搭建了一张遍布全国的技术转移网络，畅通了科技成果转化的各个环节，为国家的高质量发展奠定了坚实的基础。

1.2.2　我国高校科技成果转化现状

党的十八大召开以后，科技创新及科技成果转化问题在我国经济社会中越发得到重视。随着政府对相关立法的完善以及对科研资金的大量投入，我国科技成果转化水平得到了明显提高，成果数量连年攀升，显著地提高了高校科研水平。我国高校科研情况相关数据如表1.1所示。

表1.1　中国高校科研情况　　　　　　　　单位：亿元，件

年份	研发支出	政府资金	来自企业的经费	发明专利授权数
2011	688.80	415.10	242.90	25064
2012	780.60	474.10	260.50	34441
2013	856.70	516.90	289.30	35873
2014	898.10	536.50	302.70	39468
2015	998.59	637.26	301.50	55021
2016	1072.24	687.75	310.49	66419
2017	1265.96	804.55	360.36	78254
2018	1457.88	972.26	387.16	79773
2019	1796.62	1048.53	470.97	92394

资料来源：历年《中国科技统计年鉴》。

虽然高校科技产出量持续增长，但花费了大量人力、物力、财力的科技成果仍未能转化成现实生产力。因此，如何将高校成果高效、科学地进行转化，成为亟待解决的问题。

我国十分重视科技成果转化，2018~2019 年，我国出台了一系列相关政策，从深化机制改革、推动金融创新、引导企业参与、鼓励地方先行五个方面对促进科技成果转化进行支持。这些政策为科技成果转化提供了良好的法律、政治环境。

我国政府高度重视高校科学研究和科技成果的转化。①先后出台了国家重大专项和五大基本计划项目，在计划实施过程中鼓励产学研合作创新，不仅解决了科技创新过程中的重大难题，还突破了技术创新的瓶颈，提升了科学技术对经济的支撑能力。②组建了国家工程（技术）中心，实施产学研联合开发工程等，极大地促进了高校科技成果的转化。

教育部与科学技术部联合推进大学科技园建设，从产业孵化、创新创业角度入手，大力推动科技成果与孵化器、园区运营等新形式的协同发展。各省（自治区、直辖市）政府也相继出台了各种有效的措施，促进了高校与企业的联合，使高校科技成果顺利转化。

1.3 文献综述

1.3.1 技术创新效率研究

1975 年 Farrell 提出了技术效率的基本概念，并通过生产前沿面理论测量技术效率，构造了生产单位到生产前沿的距离函数，通过距离测量每个单位的生产效率。他认为由生产靠近生产可能性边界可以确定生产单位的技术效率高低，反映投入产出的最优关系。在此基础上，Aigner、Lovell（1977）基于随机误差对生产前沿面的影响，提出了随机前沿模型——SFA模型。Cooper 等构建了面向投入的生产前沿模型，并于1978年提出了数据包络分析（DEA）法，该方法假设规模报酬不变，运用数据包络线逼近的方法进行前沿估计。Perelman 于1995年运用随机前沿分析（SFA）和数据包络分析（DEA）方法对1970~1987年经济合作与发展组织（OECD）11个国家的8个工业部门测算了全要素生产率、技术效率、技术变动等，结果表明技术效率对全要素生产率的贡献度为正值，因此在制定相关产业政策时，提高技术效率是十分必要的。2003年，Nasierowski 和 Arcelus 采用 DEA 方法测算了45个国家的技术研发和技术转化效率，研究结果表明，研发资源配置、国家的研发活动规模等因素对技术创新效率的影响较为显著。

我国对技术创新效率的研究主要集中在实证研究方面。2004年，池仁勇运用 DEA 法，分析得出产业集群度、企业创新倾向等因素对创新效率有影响的结论。2006年，周勇采用 SFA 方法对我国31个省（自治区、直辖市）（不含中国香港、中国澳门、中国台湾）1998~2003年的面板数据进行技术创新效率测算，发现东、中、西部地区之间的效率差异明显。2008年，侯强等采用 SFA 方法的面板数据模型，测度了辽宁省14个城市2002~2005年的技术效率，发现各个城市之间的技术效率呈现逐步分化趋势。2011年，范凌钧等采用 SFA 方法测度我国28个省份高技术产业技术效率，发现东部地区、中部地区和西部地区的技术创新效率水平依次呈现递减的状态。

1.3.2 高校科技成果转化影响因素

现有研究大多从内外部因素两方面来分析高校科技成果转化的影响因素。郭强等（2012）认为影响成果转化的内部因素有成果特性、转化意愿、吸收能力和转化能力等，科技中介、政策制度和社会文化等属于外部影响因素。姚思宇等（2017）通过定量分析识别出影响因素包含资金投入、知识产权归属、高校评价机制及科技中介的服务能力等。朱宁宁等（2011）运用定性分析方法识别出市场、技术、资金、政策和其他五个方面的影响因素。唐晓梅（2014）指出科技体制和科研经费投入不足是影响转化的内部因素，中介服务体系不够健全和中介服务质量有待提高是影响转化的外部因素。翟瑞占（2014）认为科技管理体系、成果评价标准、转化奖励激励机制和投融资渠道等外界因素是影响转化的主要原因。

现有研究也从投入产出角度来分析科技成果转化的影响因素。关菲等（2018）构建了科技成果转化绩效评价体系，评价指标有科技投入、科技成果和成果转化产出三方面，搭建由科技投入、科技成果和外部支撑三方面组成的成果转化影响因素指标体系，并基于国家统计局 2002~2016 年相关数据进行科技成果转化绩效评价和影响因素实证分析，发现我国科技成果转化绩效 2002~2016 年呈逐年上升趋势，基础研究投入、试验发展人员投入、科技成果以及包含技术市场和经济环境的外部支撑因素对科技成果转化有显著的促进作用。李海东等（2018）从供给侧、需求侧两个方面分析了高校科技成果转化问题，发现研发资源有限、激励体制机制不灵活、企业科研能力有限、企业与高校之间缺乏对接交流的平台等问题普遍存在。邱启程等（2016）分析了供需双方需求和媒介平台需求，提出实现要素资源的最优配置是解决问题的关键。

现有文献也从环境相关角度进行了深入研究。Amesse 等（2001）通过对科技成果转化效率与制度环境相关性的研究，证明环境对科技成果转化有显著影响。Decter 等（2007）和 Rogers 等（2001）在对科技成果转化效率与新兴市场、外部激励等环境因素的因果关系检验中也得到了相似的结论。李文亮等（2014）在剔除环境因素的基础上，运用三阶段 DEA 模型对 2011 年我国 30 个省（自治区、直辖市）的科技成果转化效率进行了实证研究，研究发现环境因素对转化效率影响显著。郑力会等（2018）从成果评价管理、登记管理、奖励管理、转化管理等方面对比分析了我国科技成果管理现状，认为成果管理应进行项目全过程管理，成果转化利益分配机制应更加完善等。

还有学者研究制度政策对科技成果转化的影响。邸晓燕和郭铁成（2013）研究发现，体制机制不灵活是制约我国高校科技成果转化最主要的问题，突出集中在基础研究、前沿技术研究、战略技术研究等宏观领域。宋河发和李振兴（2014）认为，成果供需矛盾是成果转化最关键的影响因素。孙涛、王钰和李伟（2018）认为，科研机构获得的收益分成比例、政府对科技成果转化环境的改善程度以及政府改善环境的效率是影响科技成果异地转化的主要因素。付岩（2017）调研发现，财政支持力度不够、政府在中试环节的重视程度不够等问题是影响高校科技成果转化的主要原因。

还有少部分不同的观点，例如 Mehdi 等（2001）认为，政府创造的政策环境对科技成果转化具有重要促进作用；叶建木和熊壮（2016）认为，影响转化效果的因素是审批流程复杂、办事效率低、激励机制不全面和科技保障机制不健全、技术创新政策。

影响科技成果转化的原因除了以上几方面外，还有一部分学者从政策环境、技术、市场、供需关系、金融等角度进行了一定程度的探讨，如 Mehdi 等（2011）、Fox（2002）、Bauer（2003）、Schmookler（1966）、Mike 等（2003）等。

1.3.3　高校科技成果转化效率评价

（1）评价目的。赵志耘和杜红亮（2011）针对不同类别成果转化过程和效果建立了监测评价体系，为国家政策制定提供了依据。胡炎等（2014）为横向比较、有效考评转化机制及促进产学研合作构建了高校成果转化评价体系。刘希宋和姜树凯（2009）通过对知识战略联盟合作效果展开评价来求得科技成果转化成功率。

（2）评价指标和方法。在科技成果转化评价研究领域，最受关注且争议最多的问题是指标体系的构建。部分学者倾向对科技成果转化机制进行分析来确立评价指标，如石善冲（2003）在评价工业科技成果转化效果时构建了 3 个二级指标和 15 个三级指标的评价指标体系。Yoshitaka 等（2005）选取的评价指标主要有新产品、研发经费、发明专利许可量及许可收益等。Xu 等（2011）选取成果转化能力、产业集群结构特点、转化的效果等指标对企业成果转化效率进行了研究。

还有部分学者通过对科学技术成果的分类及表现形式进行深入剖析来构建评价指标体系。赵志耘和杜红亮（2011）将科技成果划分为科学成果、应用类技术成果、开发类技术成果三类，之后根据不同的转化过程或阶段建立科技成果转化监测指标体系。柴国荣等（2010）对区域成果转化效率进行了综合评价，构建了基于转化条件、支撑能力和转化效果的评价指标体系。傅毓维等（2006）构建了包括企业基本条件、企业创新能力和企业与转化成果之间的协同性3个一级指标和12个二级指标的评价指标体系，对企业科技成果转化的成效进行了评价。Liu 和 White（2001）从资源、金融、制度、商业等角度对美国高校科技成果转化绩效进行了综合评价。Song（1997）运用层次分析法和德尔菲法，搭建了包括经济发展、社会进步、科技基础等方面的综合评价指标体系，测算了 OECD 成员国科技成果转化综合影响指数。

深入挖掘评价数据信息及得出科学评价结果的重要环节是选择合理、有效的评价方法。学者们在从事科技成果转化评价研究时，在评价方法的应用方面做了大量的尝试，主要有 DEA 方法和 SFA 方法。戚湧等（2015）利用 SFA 模型对江苏高校科技成果市场转化效率进行评价，研究结果证实目前江苏高校科技成果市场转化效率普遍不高，无法充分发挥科技中介服务机构的作用。Chen 和 Guan（2012）采用 DEA 方法分析了中国的创新效率。Link 和 Siegel（2005）、林江等（2011）、贺京同和冯尧（2011）采用 DEA 方法分析了中国科技成果转化效率。Fare 和 Grosskodf（1996）采用 DEA 方法进行了效率评价研究。Fried 等（1999）采用四阶段 DEA 模型，Fried 等（2002）提出了优化的三阶段 DEA 模型，解决了受随机误差干扰的问题。Hsu 和 Lee（2012）运用 DEA 方法测度了 67 个国家军用科技成果转化对经济增长的作用。梁树广（2018）选用 DEA 模型测算了 2010～2015 年高校科技成果转化效率，并分析了转化的区域差异。Hansen 和 Birkinshaw（2007）认为，科技创新是一系列的科技活动，不是单一的"黑箱"活动，需关注每个过程的管理。何悦等（2019）认为，高校科技成果转化过程包含价值创造和价值实现两个阶段，并运用 DEA 模型对我国高校科技成果转效率进行了测度。

在评价区域层面的科技成果转化时，学者们选择采用 BP 神经网络分析法、模糊综合评价法和主客观赋权法等；在评价行业层面的科技成果转化时，学者们普遍采用了层次分析法和 BP 神经网络分析法等；在评价高校或科研院所层面的科技成果转化时，学者们选择采用 DEA 方法和模糊综合评价法等；在评价企业层面的科技成果转化时，学者们采用了熵权分析法和 GEM-DEA 模型法等。

1.3.4 高校科技成果转化活动的投入产出分析

国内外学者在对成果转化过程中投入产出的研究方面主要有两种观点：第一种观点是将转化过程看作一次性投入产出过程，为简单的线性过程。第二种观点是从价值链视角出发，将创新活动进一步细化分解成不同阶段进行深入研究。

第一种观点的科技投入包括人力（研发人员数量）、物力（研发设备）、财力（研发经费）等，产出包括专利申请量、专利授权数量、发表论文数量以及科技项目数量、获奖情况等。此种观点缺乏对转化过程的分析，可能遗漏转化过程中的一些重要环节和重要因素，研究结果有一定的局限性。

第二种观点即创新价值链理论，即将科技创新活动分为两阶段：第一阶段为技术开发阶段，投入人力、物力、财力，经过专业人员的研究、开发及测试，产出论文、专利等，这一阶段的产出为中间产出，并不是最终产出，可以体现创新主体的技术开发水平；第二阶段为成果转化阶段，第一阶段的成果经过研发产生新的产品并将其推向市场流通交易，获得经济利润。由此获得的第一阶段的成果产出成为第二阶段的新投入，第二阶段的产出才是成果商品化、产业化的真正产出，体现了成果转化的效率。创新价值链理论的提出，将"黑箱"的科技成果转化过程清晰化、透明化，把科技成果转化过程分解为两个阶段，并对两个阶段的转化效率进行了评价，其分析方法更符合高校科技成果转化的实际，为后续的研究奠定了坚实的理论基础。

科技创新过程可以分解为创意的产生、转化及传播三个环节，在创新的过程中，这三个环节你中有我、我中有你，联系非常紧密。第一个环节创意的产生是前提和基础，后面从众多创意中筛选出符合市场需求的创意进行研发，用技术将创意打造成产品，也就是实现第二个环节创意转化的过程。第三个环节，形成商品后再通过宣传推广等传播手段推向市场，通过产品化、商业化最终实现经济价值。创新价值链理论细化了科技创新实现价值的过程，为探索高校科技成果转化的过程实现及提高转化效率提供了新的研究思路。

高校科技成果转化以实现商业价值为最终目的，包括新技术从研发到生产、从产品到市场等一系列过程，而其运作过程具有不同阶段的关联特征。有学者从转化链的角度将科技成果转化分为创造、中间以及应用三个环节，或者分为形成、商品化以及产业化三个阶段，而后两个阶段都以市场化为导向。有学者从创新价值链的角度将科技成果转化分为需求识别、技术研发以及进入市场等环节。基于全过程的视角，有学者将高校科技成果转化分为三个阶段：实验室阶段、中试阶段和市场化阶段。

1.3.5　文献评述

通过分析已有代表性研究成果及观点发现：目前对于科技成果内涵和成果研发方面的研究已较为深入，对成果应用的测度已经向多维测度转变；对科技成果转化模式的分析研究已从单项模式转向多项并行发展模式；现有研究对科技成果供方需求、需方需求、市场环境等方面有了初步的探索，有越来越多的相关研究将科技中介的影响作用考虑进来；探索提升高校科技成果转化效率的研究在逐渐深入。虽然目前已有研究在对科技成果转化影响因素识别和效率提升方面取得了较大进展，但仍存在以下不足：

（1）尚未搭建针对高校的科技成果转化效率科学评价机制。目前的文献主要关注科技投入、成果产出和多维转化效率能力提升等方面，对于影响高校科技成果转化效率的主要因素仍未达成共识，以单一投入产出指标对转化效率进行评价，其结果存在一定程度的偏差，因此，亟须搭建科学的高校科技成果转化效率评价机制。

（2）尚未开展基于过程视角的高校科技成果转化效率评价。诸多学者对效率低致因的识别主要围绕在成果提供方的主观因素和客观市场背景的识别上。目前，在现有文献中尚未发现以高校科技成果转化全过程为主体开展的全过程体制机制理论模型的探析。

（3）尚未开展基于不同类型高校的科技成果转化效率的差异分析。不少研究学者在分析高校科技成果转化率低诉求时，将影响因素纳入提升因素进行分析，但是，在科技成果转化效率研究方面，尚未开展基于不同类型高校角度的差异分析，以及深入影响因素的判别分析。

1.4 研究目标与研究内容

1.4.1 研究目标

在经济全球化竞争日益激烈的大环境下，通过优化高校科研管理体制，提高高等院校科技成果转化效率，是实现国家科技创新能力提升的关键。合理构建高校科技成果转化效率评价机制，识别阻碍当前高校科技成果转化的堵点，是当前高校科研管理体制改革的重难点，也是科技成果转化理论研究亟须解决的问题。因此，本书的研究目标是：从创新价值链角度分析我国高校科技成果转化效率现状，探析高校科技成果转化效率的影响因素及其空间效应，并在此基础上，探求提升高校科技成果转化效率的路径和方法，期望不断优化科技创新资源配置，促进区域科技与经济协调发展。

（1）构建高校科技成果转化效率两阶段评价模型与测度指标体系。把高校科技成果转化活动分解成多阶段创新的过程，即成果化和商业化两个阶段，按照实际情况构建多投入、多产出的指标体系，既是评价转化效率高低的重要依据，也是开展定量研究进行影响因素分析和提出对策建议的科学依据。

（2）识别高校科技成果转化效率的重要影响因素。决定高校科技创新高效、可持续发展的重要因素是科技成果转化效率，如何科学地测度高校科技成果转化活动中成果化产出效率和商业化产出效率的变化状况，对于识别高校科技创新系统的内在运行机制具有重大意义。同时，转化效率的科学测度为后续的影响因素分析、空间效应检验和对策研究等提供了重要保证。

（3）提出完善高校科技成果转化机制与长江经济带科技成果转化高质量发展的对策建议。本书将基于理论分析和实证研究，总结对高校科技成果转化效率及其空间效应产生影响的因素，并提出具有针对性的对策建议。

1.4.2 研究内容

本书首先研究高校科技成果转化的相关理论，并通过定性分析和定量分析相结合、实证交叉验证的分析方法，对提升长江经济带高校科技成果转化效率、促进高校科技成果转化管理提供分析框架和决策依据。

（1）高校科技成果转化效率评价机制的理论分析。基于科技成果转化、科技创新能力的内涵分析，从投入产出元素分析入手，探索长江经济带高校科技成果转化效率评价机制的理论框架。首先分析科技成果转化相关理论，包括技术创新理论、创新价值链理论、协同创新理论、空间效应理论和外部性理论。其次通过梳理影响高校科技成果转化效率因素识别和搭建评价模型的逻辑链条，探索致力于提升长江经济带高校科技成果转化效率的分析框架。

（2）长江经济带高校科技成果转化效率评价研究。基于创新价值链理论，运用两阶段 DEA 模型将高校科技成果转化活动分解为两个子阶段，并构建两阶段效率评价模型，测评长江经济带 11 个省（直辖市）2010~2019 年的转化效率状况，然后运用 Tobit 模型考察科技人力、经费投入、研究与发展项目、科技产出及成果情况、科技活动等对不同阶段科技成果转化效率的影响。

（3）长江经济带高校科技成果转化影响因素研究。基于科技创新价值链的视角，对不同地区、不同阶段科技创新活动中的两阶段转化效率的动态变化轨迹进行分析，并从技术进步、纯技术效率、规模效率等层面分析不同阶段转化效率变化的动因。

（4）长江经济带高校科技成果转化效率的空间效应分析。在创新价值链理论分析框架的基础上，分析长江经济带科技成果转化活动中存在于各阶段的空间外溢效应和价值链效应相关理论，继而构建了三个矩阵（邻近空间、地理距离空间和经济距离空间矩阵），并通过空间杜宾模型（SDM 模型）检验长江经济带科技成果转化活动不同阶段的空间相关性、外溢效应，拟讨论其差异及产生原因。

（5）提出高校科技成果转化效率提升政策建议。首先对高校科技成果转化提升模式进行探索。其次通过梳理产学研模式、转化策略并分析典型案例，结合本书的研究结果，分析长江经济带地区高校科技成果转化现状。最后对促进高校科技成果转化效率提升的相关政策建议进行了提炼。

1.5 研究思路与研究方法

1.5.1 研究思路

本书通过理论与实证相结合的方式，基于科技创新发展战略，在现有研究的基础上，构建了高校科技成果转化效率两阶段评价体系，并以长江经济带高等院校为案例，多维度、多角度分析了长江经济带地区高校成果转化的现状，深入剖析了影响高校科研转化效率的内外部要素及其作用机制，并提出针对性意见和建议。本书的研究思路包括以下四个方面：

（1）研究内容、研究方法。依据我国高校科技成果转化的发展现状，提出本书的研究内容，并选取了两阶段 DEA 模型、DEA-Malmquist 模型、Tobit 回归分析以及空间计量模型等研究方法。

（2）构建理论模型。根据我国高校科技成果转化活动的特点，基于创新价值链理论，构建了高校科技成果转化效率的两阶段评价体系，并通过 Tobit 回归分析以及空间计量模型对转化效率的空间效应进行了理论研究。

（3）开展实证分析。本书在理论分析基础上，对我国高校科技成果转化效率的实证研究运用 DEA 模型、Tobit 回归分析以及空间计量模型，对各环节的转化效率进行了科学评价，并深入剖析各环节转化效率及内外部影响因素，最后利用空间计量模型对我国高校各环节转化效率的空间效应进行了实证分析。

（4）提出对策建议。本书依托理论分析和实证结果，对提升我国高校科技成果转化效率提出了对策建议。

1.5.2 技术路线

本书在全面收集、整理国内外文献资料的基础上，对高校科研成果转化效率评价的相关理论进行分析，结合我国高等院校科研成果转化的特点，建立了相应的科研成果转化效率评价体系，并以长江经济带高校为例进行了实证分析。本书的技术路线如图 1.1 所示。

1.5.3 研究方法

本书对我国高校科技成果转化效率的研究涉及区域经济学、新经济地理学以及技术经济学等多学科领域。基于已有研究，本书综合了多学科的理论知识，运用定量分析及定性分析对我国高校科技成果转化效率进行了理论研究与实证研究。具体研究方法如下：

（1）文献分析法。本书通过查阅各类文献资源数据库，以及《政府工作报告》、新闻报道等数据资料，进行整理归类，梳理了创新价值链理论、创新效率影响因素以及空间效应的研究，从而掌握了国内外关于高校科技成果转化效率研究的脉络及重点，为本书的研究提供了理论支持和方法指导。

（2）理论研究结合实证研究。本书基于创新价值链理论，构建两阶段效率评价体系，对长江经济带地区高校科技成果转化各环节转化效率进行了测度和评价，提出了提升高校科技成果转化效率的对策建议。

（3）定性分析与定量分析相结合。通过定性分析和定量分析评价高校科

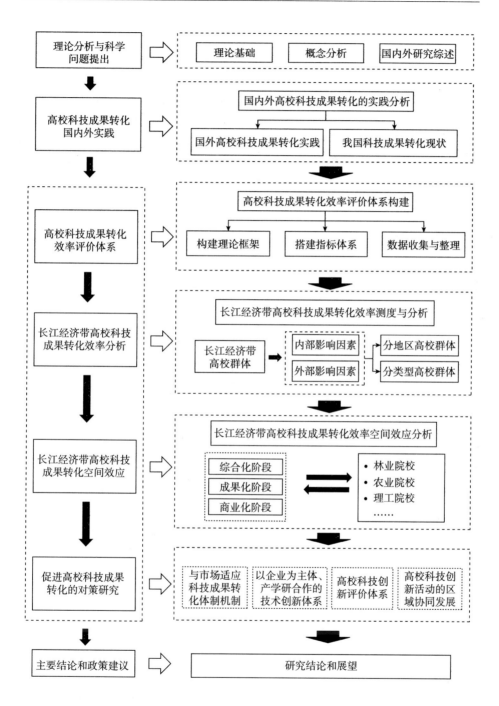

图 1.1 本书的技术路线

技成果转化效率。首先通过定性分析方法构建两阶段转化效率评价指标体系，其次用定量分析法测度高校科技成果转化效率。

（4）综合运用运筹学与计量经济学方法。本书以 DEA 等效率评价理论与工具为指导，通过构建两阶段效率模型测算高校科技成果转化效率，并运用 DEA-Malmquist 模型、Tobit 模型以及空间计量模型对相关影响因素的传导路径进行了实证检验。

1.6　主要创新点

本书基于技术创新、空间效应、外部性等理论，采用定性和定量相结合的研究方法，构建了高校科技成果转化效率评价体系，并以长江经济带高校群体为例，多维度、多角度分析了高校科技成果转化效率现状，从内外部两个维度评估了影响高校科技成果转化的要素及其空间效应，为优化我国高校科技创新提供策略，为加强长江经济带科技与经济深度融合提供技术支撑。本书有以下两个主要创新点：

一是构建了两阶段高校科技成果转化效率评价模型。现有研究大多缺乏对现实成果转化过程的了解，将成果转化过程看作一次性投入产出活动。本书在创新价值链理论的基础上，将我国高校科技创新活动细分为两个阶段，同时有效分析各个环节的转化效率及内外部影响因素，丰富了高校科技成果转化效率研究的理论方法。

二是将各阶段转化效率与空间效应相结合，系统考察两阶段的空间相关性和外溢性问题。科技创新和技术进步具有很强的经济正外部性，技术外溢是促进区域经济发展的重要手段。本书将投入产出、产业机构、人力资本、经济发展、政府支持等内外部因素创新性地纳入影响因素实证分析，并将高校各阶段转化效率与空间效应结合起来，运用相关理论系统考察了两阶段转化效率的空间相关性和外溢性问题，为我国高校科研管理体制改革提供了新思路。

2　科技成果转化的理论基础

2.1　相关概念界定

2.1.1　科技成果

科技成果在《中国大百科全书》中被认为是人们在科学技术活动中通过复杂的智力劳动所得出的具有某种被公认的学术或者经济价值的知识产品。科技成果在《现代科技管理辞典》中被定义为科研人员在他们从事的某一科学技术研究项目或课题研究范围内，通过实验观察、调查研究、综合分析等一系列脑力、体力劳动所取得的，并经过评审或鉴定，确认具有学术意义和实用价值的创造性结果。

1986年，《现代管理词典》对科技成果进行了界定："科技成果是具有创造性、价值性、学术性的成果。"所谓科技成果转化，指的是把科技成果商业化、价值化的过程。贺德方（2011）认为，科技成果是我国在科技管理方面的专有名词，而国外科研项目研发所取得的结果一般称为论文、论著、科技报告、专利、技术标准等。

从上述表述可以看出，科技成果是被实践证明的、先进的、成熟的、具有学术价值和实用价值的成果，具有一定的先进性、新颖性、创新性等特点，且能够为经济、社会、生态环境带来效益。

2.1.2 科技成果转化

国外一般说法为技术转移（Technology Transfermation）、技术创新（Technology Innovation）或者大学—产业合作（University – Business Partner）等。技术转移的内涵较为广泛，不仅包括技术市场上的技术贸易、技术成果的转化，也包括新技术、新工艺、新产品的应用和推广，还包括成熟技术、技术装备、生产工艺等。技术转移可以发生在国际之间、研发部门与生产部门之间、使用部门之间等。

科技成果转化理论是基于技术创新理论和技术扩散理论被提出来的。1912 年约瑟夫·熊彼特在《经济发展理论》一书中提到了"创新理论"这一概念，为后续科技成果转化奠定了理论基础。由此可见，科技成果转化与技术创新密不可分。

从可供转化的研究成果出发，把研究成果转化为产品，在产品化后使成果产品进行市场商业活动，完成商业化蜕变，经过商业活动的一系列过程整理，形成完整的产业链条，最终完成完整意义上的科研成果转化。

2.1.3 高校科技成果转化

科技成果转化实质是知识转移的过程。高校利用自身科研创新优势，通过各种方式对科学研究成果进行研发，并向企业或生产部门转移研发成果，将高校研究活动所产生的潜在生产力转变为现实生产力，从而获得经济和社会效益。

郭强等（2012）认为，高校科技成果转化是指高校充分发挥自身科研优势，将科技成果以自主、委托、合作、销售等形式进行检验、开发、应用和推广，产生实际的经济效益和社会效益，直至形成新产品、新工艺、新材料的一系列活动和过程的总称。

王欣（2017）认为，高校科技成果转化是遵循商品经济规律的有实用价值的知识产品或服务，且是一个动态的、知识转移的创新过程，最终形成了新产品、新工艺和新产业。

2.1.4 高校科技成果转化效率

在投入和技术恒定的前提下，最有效地使用资源以满足目标即为效率。效率与投入成反比，与产出成正比，效率越高则说明资源配置越合理。高校科技成果转化效率是高校科技成果转化为现实生产力的体现，体现当地科技投入与成果产出的状况，促进国家或地区的科技与经济深度融合，为市场经济带来巨大的经济和社会效益，体现社会经济的发展水平。

2.2 相关理论基础

2.2.1 技术创新理论

技术创新的实质是通过不断迭代升级技术的方式从而促进经济的增长。20世纪初，熊彼特在《经济发展理论》中首次提出了创新，其在后续的论著中进一步阐释了其定义和内涵，构建了创新经济学理论体系。他在对经济发展进行深入分析的基础上，提出了"创新是经济发展最重要的驱动力"的观点。熊彼特将经济发展的本质等同于创新，认为创新是促进经济增长的一个投入要素，其实质是生产力的进步带动经济社会的发展。

目前国内外技术创新理论已经形成了四个理论流派：①索洛代表的新古典学派将技术创新活动视为"黑匣子"，认为资本和劳动的增长率、产出弹性和技术创新因素影响着经济增长率。②新熊彼特学派认为技术创新在经济发展中发挥核心作用，主张发挥企业家在创新中的作用，提出了技术创新扩散、企业家创新和创新周期等模型。③制度创新学派深入研究了规章制度对国家经济增长的影响，将熊彼特的制度创新思想延伸到了新高度。④国家创新系统学派提出技术创新发展应该归功于国家创新系统，体系中资源配置是相互作用的结果。Mack 和 Rogers（1983）认为，技术创新是个体或组织采纳新技术和调整服务形式，实现效率和利润的提高。有些学者发现，突破式创新存在于新产品开发的破坏性创新中。

2.2.2　创新链相关理论

创新链是指具有提出新思想、新设计、新发明，指定新流程，创造新产品，开发新市场等多方面创新职能的活动按一定序列集合并进行协同合作形成的一条链式结构。黄钢（2007）认为，创新链涉及多个创新主体的复杂网络系统。

创新价值链这一概念最早来源于 Michael Porter 的价值链、产业链和创新链等内容。Pavitt（1984）将创新分为知识的生产、转化及市场化三个过程。Hage 等（2000）认为，创新链由研发技术研究到研究成果转化再到新产品生产和市场化三个部分组成，用产出销售额和其他指标来衡量创新质量。

创新的价值实现过程可分为三个环节，即创意的产生、转化及扩散，它们彼此独立又相互作用，形成了完整的、环环相扣的创新链条。在创新的价值实现过程中，创意的产生是基础，而后经过关键环节创意转化，并通过不同方式进行创意宣传扩散，最终进行市场交易达到获取经济效益的目的。三个环节紧密相连，互相影响，互相促进，只有充分配合与协同才能成功。创新链是复杂的链式系统，包含多个环节，各个创新主体如高校、政府、企业、科技中介等都在创新链中发挥着不同的作用，最终目的是实现科技成果的产业化、商业化，取得经济效益和社会效益。本书基于创新价值链理论将高校科技成果转化过程分解为成果化产出效率和商业化产出效率两个阶段，每个阶段选取不同的投入产出指标，并运用 DEA 模型对我国高校科技成果转化各环节创新效率进行测度，考察各环节转化效率的差异。

2.2.3 协同创新理论

协同创新是指有效汇集创新资源以及要素，突破存在于创新主体之间的壁垒并充分释放创新要素从而实现深度合作。Gloor（2006）将协同思想引入创新过程，提出了协同创新（Collaborative Innovation）理论，即由自我激励的人员所组成的网络小组形成集体愿景，借助网络交流思路、信息及工作状况，合作实现共同的目标。本质上，创新是不同要素或者资源所有者之间的融合，其中包含着不同主体的相互作用。由此可见，高效的创新要建立在不同主体之间的协同这一基础之上。协同创新的本质是组织与创新相关的要素之间相互结合，在复杂的非线性的相互作用下产生整体协同效应的动态过程。陈劲和阳银娟（2012）认为，协同创新是通过国家意志的引导和机制安排，促进企业、大学、科研机构发挥各自能力优势、整合互补性资源，加速技术推广工作和产业化，协同开展技术创新和科技成果产业化的活动，是当今科技创新的新范式。协同创新是把知识增值作为核心，使企业、大学、政府机构等主体发挥自身优势来实现重大科技创新。

2.2.4 空间效应理论

从新经济地理学理论视角来看，空间效应是从经济增长对于经济资源的配置和地理分布出发，研究在区域之间相互作用下，区域发展呈现差异扩大或者不断趋同的现象，以及这种变化带来区域内部结构的变化，并因为这种空间格局变化而使要素实现再分配。蔡海亚等（2021）选取了我国省际产业对空间效应进行分析。符淼（2009）利用省际技术溢出效应来阐释技术活动的集聚性，进一步诠释经济活动的集聚性。潘文卿（2012）分析了1988～2009年中国各省份人均GDP的空间分布格局与特征，研究显示，其存在着全球范围的正的空间相关性。从空间计量经济学视角来看，空间效应可分为空间依赖效应和空间异质效应两种类别。陈瑶和陈湘满（2021）从城镇化角度研究了房价、房价收入比对人口城镇化、经济城镇化和土地城镇化的空间效应。卢瑜等（2021）采用自然间断点分级法分析中国有机农业的空间分布，判别有机农业集聚程度，最后采用Moran's I指数检验有机农业发展的依赖性，进一步探讨了有机农业在局域的空间集聚与演化趋势。

空间计量经济学把空间效应分为空间依赖和空间异质性。空间依赖指的是参与经济活动的主体受到空间交互作用的影响形成的依赖性，这会导致区位随机变量之间存在一定的相关性。其中，空间相关性主要体现在两个方面：一是空间变量之间会相互影响，即变量之间存在着某种相关性，称之为"空间实质相关性"；二是模型中没有考虑空间变量的相关性，这会导致空间扰动相关性。空间异质性是指主体的行为之间存在空间结构的差异性，其主要是由空间经济分布不均衡导致的。按照表现形式可以将其划分为空间结构非均衡性和空间异方差两种形式。

2.2.5　外部性理论

技术创新对经济增长具有很强的正外部性。外部性是一种非市场性的经济力量。由于外部性的存在，建立在价格激励上的市场运行机制效率会受到影响。对经济主体活动正外部性的忽视，会造成有效供给的不足，而对负外部性的放任，则会导致非期望产出的增加。在技术创新活动中，创新产生的技术溢出效应就是一种正外部性。如果忽视技术溢出对产业发展的作用，就会低估技术的"投入—产出"效率，进而造成全社会技术创新的投入不足。

经济学研究的核心问题是，如何实现稀缺资源的最优配置。价格机制调节下的市场体制在一定程度上解决了这一问题，但一些要素也在制约着市场调节机制发挥作用，外部性是其中一个很强的干扰因素。由于交易成本的存在，外部性内部化的问题难以解决。在经济活动中，总是存在成本低估或收益低估的问题。这种由正外部性引发的有效供给不足问题，在知识产权这类无形资产产品中更具典型性。如何通过有效的利益分配机制和价值核算机制及制度改革降低知识溢出的正外部性是技术成果转化领域需要解决的重要理论问题。在高校科技成果转化过程中，外部性的存在制约了高校科技成果向应用技术的转化。或者说，高校科技成果转化机制与现代市场要素流动机制间的不匹配、不顺畅环节，提高了高校科技成果转化的交易成本，使高校科技成果转化滞后于现代生产要素市场发展。

3　高校科技成果转化效率
评价体系构建

从实质来看，高校科技成果转化就是以从事技术研发的科技人员为主体，将高校资源有机整合，同时吸纳社会上各类资源和要素进行技术上的发明或改进等科研开发，并把科技成果转化为商品，以实现商业价值的一种科技创新活动。在我国高校科技创新活动中，专利只是阶段性成果，将专利进行知识产权布局与运营、中试与产学研合作、成果推广与供需对接等，最后将创新成果推向市场，实现商业化创造经济价值才是我国科技创新的根本目的。

因此，在研究我国高校科技成果转化效率时，需要厘清我国高校科技成果转化活动涵盖的几个环节，并构建相应的科学评价体系测度各环节创新效率，并对我国不同类型影响因素及空间效应进行深入的理论分析。

3.1 理论框架与研究思路

3.1.1 理论框架

本书将高校科技成果转化活动分解为成果化和商业化两个阶段，在分析两次投入产出的基础上，详细分析两阶段的产出效率。

（1）成果化产出效率。高校科技成果转化活动的第一个环节是成果化产出环节，承担了科学研究及开发工作，通过研发产生新方法、新技术、新工艺，此阶段的产出是论文、项目、专利等成果，体现了我国高校科技成果产出效率。如果科技投入较少，得到的科技成果产出较多，证明第一阶段的投入产出关系处于研发的前沿面，其效率就高。如果成果化产出环节投入产出水平低，其转化效率就低，成果化产出离前沿面的距离就远。参考已有文献，本书将人力投入和经费投入两方面作为高校成果化产出阶段的投入指标。

（2）商业化产出效率。高校科技成果转化最关键的环节是第二阶段的商业化产出环节，这个阶段主要是将具有实用价值的成果进行中试、孵化、应用研究，最终实现商业化、产业化以获取经济效益。同理，第二阶段投入少产出多，则证明其处于商业化产出活动的前沿面，效率就越高。如果第二阶段投入产出水平低，其转化效率就低，商业化产出离前沿面距离就远。所以，提高商业化产出阶段的转化效率对于提升整个转化效率有着至关重要的作用。

对于商业化产出效率的评价方法，目前国内外还没有统一的评价标准。在第二阶段商业化产出即最终产出方面，有学者认为可以将新产品产值及其消费收入视为科技成果价值产出。然而，技术市场成交情况更能够反映科技成果转化在市场上的活跃程度，因为高校科技成果获取实际收入才能真正实现经济、社会价值。因此，本书选取高校科技成果转让合同数、高校科技成果转让合同金额和高校科技成果当年实际收入作为科技产出的重要指标。

我国高校科技创新活动的核心是第一阶段的成果化阶段，关键点在于第二阶段的商业化阶段，即与市场需求相结合，实现经济效益。因此，在综合考量各个环节影响因素的前提下，对我国高校科技成果转化活动分阶段进行综合评价，才更符合市场规律和实际，研究结论才更有价值。

3.1.2 研究思路

本书在对我国高校科技成果转化的研究中运用了创新价值链理论。我国高校科技成果转化活动价值实现的第一阶段为成果化阶段，此阶段成果化的资源投入包括研发人员和研发经费等，产出即中间产出，通常用学术论文、专利申请数、专利授权数等指标衡量。第二阶段为知识成果商品化，将知识成果进一步推广，期间通过追加投入，包括将中介机构、科技服务经费等作为补充投入，实现科技成果转化商业化，此阶段的产出主要用高校科技成果转让合同数、转让合同金额和高校科技成果当年实际收入等指标来衡量。只有科技成果高质量、高效率地转化，实现成果商品化，才能不断带来经济效益和社会效益。

基于以上分析以及创新价值链理论，本书将高校科技成果转化过程分解为成果化阶段和商业化阶段两个环节，每个环节都是多指标的投入产出系统。至此，两次投入产出思想为深入研究我国高校科技成果转化效率问题提供了理论依据。高校科技成果转化创新价值链如图 3.1 所示。

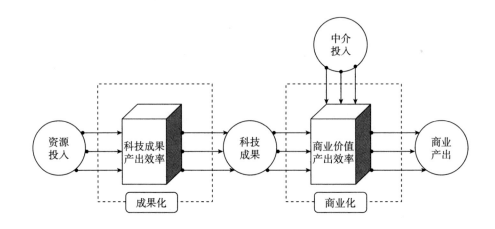

图 3.1 高校科技成果转化创新价值链

根据高校科技成果转化过程的两阶段分类，可以测算高校科技成果转化的综合投入产出效率以及分阶段投入产出效率。其中，综合投入产出效率为科技市场化价值产出与研发投入、中介投入之比，成果化效率为成果产出和创新投入之比，主要衡量高校利用创新资源及其科研能力的水平；商业化效率为科技成果价值实现和科研成果产出、中介投入之比，这能够用于衡量高校将其科技成果最终转变为社会生产力的效率。综合来看，从创新价值链视角将科技成果转化过程进行分解，能够揭示高校创新系统内部各环节的效率水平，有助于为高校和政府等相关主体进一步改善科技成果转化能力提供指导依据。

3.2 高校科技成果转化效率评价体系

3.2.1 指标选取

在整理和分析文献相关的基础上，本书从投入产出角度出发，构建了我国高校科技成果转化效率的评价指标体系。已有研究用以衡量科技成果转化的效率指标众多，然而在对科技成果转化的评价过程中，由于对科技成果转化的定义选取有差异，从而使得指标选择的侧重点也有所区别，如郭杰、李杰（2017）认为，对于科技成果转化的评价应当从科技成果本身的质量出发，而董洁、黄付杰（2012）则认为，科技成果是最重要的投入指标之一，科技成果产出形式中的论文和专利等则被部分学者用于衡量成果商业化阶段的投入。因此，借鉴已有研究并基于本书思路，按照全面性、科学性、合理性等相关原则确定了各阶段投入产出的指标。高校由于需要承担科研、教学和社会服务等工作，其科技成果转化工作有其特殊性，因此合理选择评价指标显得尤为重要。对于高校科技成果转化的指标选择，需要先明确其定义。目前来看，广义的观点认为，科技成果转化包括从知识生产到应用并产生价值的创新价值链上的整个过程，而狭义的观点则不考虑生产环节。本书则基于创新价值链视角，采用广义层面的科技成果转化定义，针对高校在科技成果转化中的两阶段投入产出过程，认为高校科技成果转化主要围绕高校专利、论文、项目等形式的要素投入以及价值创造等，全面考量高校科技成果转化的效率变化特征。

在科技成果转化的投入方面，现有文献往往采用经费、人员抑或科技成果来衡量其效率水平，而科技成果则一般被视为商业化阶段的投入。基于此，本书从生产环节开始，参考罗茜等（2018）和宋慧勇（2014）的研究，将人力投入和经费投入两方面作为高校成果化阶段的投入指标，这一指标准则已经得到了学者们的广泛认同。

与企业类似，经费投入也是高校开展创新活动的基础保障，同时，科技创新产品以及成果转化过程都离不开科技人员的参与。人力投入指标主要使用在高校研究与试验发展全时人员或高校 R&D 成果应用及科技服务全时人员。这类人员指从事研究与试验发展（包括科研管理）或从事 R&D 成果应用、科技服务的时间占本人全部工作时间 90% 及以上的人员，揭示了高校人力资源的存量，也反映了高校的人力资本潜力。R&D 全时人员当量反映各高校科技人力投入实际情况，更接近实际的科技人力投入量。高校经费投入指标主要使用"高校研究与试验发展经费支出"指标，充分反映了高校科技经费的实际使用额度。

本书将第一阶段——成果化阶段的产出分为基础研究成果和应用研究成果，其中基础研究成果主要来源于论文，应用研究成果则主要来源于专利。因此，该部分参考冯尧（2011）、李邃等（2011）的研究，选取高校发表学术论文、高校专利申请数以及高校专利授权数等作为中间产出指标。其中，高校发表学术论文反映了高校基础研究的产出；高校专利的申请数和授权数代表了高校的应用研究成果状况，以此来测度高校的专利产出。

在第二阶段——商业化阶段的投入方面，科技成果被视为高校在科技成果转化过程中最重要的投入，因为科技成果要转变为生产力，需要将其在科技活动中形成的专利、论文等通过产品化或者产业化等形式创造价值，因此在高校科技成果转化的创新价值链第一环节中形成的产出在该阶段则变成了投入。此外，还包括新增的投入指标。原因如下：①第一阶段成果化产出的论文和专利并没有变成最终产品，所以不是真正的应用；需要继续投入第二阶段进行交易才算实现了商业化、市场化，即变成新技术、新材料、新产品，因此第二阶段——商业化阶段才是科技成果成功应用的标志。②第二阶段——商业化阶段新增了科技服务经费和高校科技活动机构数量作为投入指标，在科技成果转化的过程中，除了高校自身之外，科技中介通过为创新主体提供专业化科技服务，也参与到了科技成果市场化阶段的活动中，能够在技术扩散、成果转化等方面为高校提供帮助。因此，将科技服务经费和高等学校科技活动机构数量作为该阶段科技中介投入的代理变量。

在第二阶段——商业化阶段的产出方面即最终产出方面，则主要用于评估高校不同的科技产出形式带来的商业化转化潜力以及生产力变现的经济价值。有学者考虑将新产品产值和新产品销售收入视为科技成果价值产出，而高校的科技成果转化最终实现价值主要体现为技术在市场中的流动以及技术服务产生的价值，因为技术市场成交情况更能够用于反映科技成果转化在市场上的活跃程度，高校科技成果进行后续的试验、应用和推广获取实际收入才是真正实现最终的经济和社会价值，如以科研合同的方式转让或者授权出让等形式可以被考虑为该阶段的产出。基于此，本书选取高校科技成果转让合同数、高校科技成果转让合同金额和高校科技成果当年实际收入作为最终产出的指标。

评价指标体系具体见表3.1。

表 3.1   高校科技成果转化效率评价指标体系

指标	准则	影响因素	变量
初始投入指标	人力投入	高校研究与试验发展全时人员	rdt
		高校 R&D 成果应用及科技服务全时人员	rde
	资本投入	高校研究与试验发展经费支出	rda
中间产出指标	学术成果	高校发表学术论文数	app
	专利	高校专利申请数	pan
		高校专利授权数	pgn
追加投入指标	中介投入	科技服务经费	ste
		高等学校科技活动机构数量	stn
最终产出指标	科技成果收入	高校科技成果转让合同数	cst
		高校科技成果转让合同金额	ast
		高校科技成果当年实际收入	ist

3.2.2　数据来源

长江经济带高校科技成果转化的总体数据来源于《高等学校科技统计资料汇编》（2011~2020 年），不同类型的高校科技成果转化数据则通过向有关部委咨询获取，各变量的变化情况具体见表 3.2。

表 3.2   数据的描述性统计

变量	单位	均值	标准差	最小值	最大值	观测数据
rdt	万人年	0.83	0.46	0.19	2.12	110
rde	万人年	0.13	0.13	0	0.59	110
rda	亿元	25.49	19.82	19.15	820.80	110
app	万篇	3.53	2.19	0.66	10.14	110
pan	万项	0.75	0.81	0	4.64	110
pgn	万项	0.45	0.48	0	2.44	110

续表

变量	单位	均值	标准差	最小值	最大值	观测数据
ste	亿元	6.47	7.10	0	35.21	110
stn	千所	0.27	0.14	0	0.81	110
cst	万项	0.05	0.06	0	0.34	110
ast	亿元	1.97	2.27	0	15.03	110
ist	亿元	1.06	1.11	0	4.94	110

从对数据的描述性统计结果中不难看出,长江经济带高校科技成果转化的投入产出不同指标维度在时间和空间上存在非常大的差异。因此,需要协调区域内高校的科技成果转化,最大化投入资源的产出,以便缩小区域内的科技成果转化水平差异。

3.3 本章小结

我国高校科技成果转化过程是一个多投入、多产出、多环节的活动,学术论文、项目、专利等指标只是我国高校科技成果转化活动的阶段性成果,并不是最终目标。本书基于创新价值链理论,将我国高校科技成果转化过程分为成果化产出阶段和商业化产出阶段两个环节,构建了高校科技成果转化效率评价体系,以求更加真实地测度高校科技成果转化效率。

4 长江经济带高校科技成果
转化效率测度与分析

  高校作为科技创新的重要引擎和高层次创新人才的集聚之地，为促进经济发展、推动社会进步发挥了重大作用。2015～2019 年高校研发人员和科研经费投入不断增加，高校研究与试验发展经费支出投入五年间翻了将近 1 倍。如表 4.1 所示。在不断增加资金和人力投入的情况下，以科技论文、科技著作、研发项目、专利为代表的科技成果数量也呈现出上升的趋势，这一现象在高等学校专利申请方面表现得尤为突出，《2019 年中国科技成果转化年度报告》显示，2018 年 1243 家高校院所转化科技成果的合同项目数为 8072 项，合同金额达 75.8 亿元。

表 4.1　2015～2019 年我国高校科技成果研发投入与产出情况

指标 \ 年份	2019	2018	2017	2016	2015
高等学校研究与试验发展人员（万人）	123.32	98.43	91.36	85.18	83.88
高等学校研究与试验发展经费支出（亿元）	1796.62	1457.88	1265.96	1072.24	998.59

续表

指标 ＼ 年份	2019	2018	2017	2016	2015
高等学校研究与试验发展政府资金经费支出（亿元）	1048.53	972.26	804.55	687.75	637.26
高等学校研究与试验发展项目（课题）数（项）	1188769	1076903	966780	894279	841520
高等学校发表科技论文数量（篇）	1447336	1389912	1308110	1267881	1220467
高等学校出版科技著作（种）	43331	44794	45591	44518	43136
高等学校专利申请受理数（件）	340685	320790	277524	236665	190351
高等学校专利申请授权数（件）	213163	193027	169679	149524	127329
高等学校发明专利申请授权数（件）	92394	79773	78254	66419	55021

资料来源：国家统计局。

2018 年高校研发政府资金经费支出为 972.26 亿元，而当年财政资助项目产生的科技成果以转让、许可、作价投资方式转化合同金额仅为 12.4 亿元，可见其投入产出比之小。想要厘清高校科技创新效率发展现状，需要对我国高校科技成果转化效率进行科学评价研究，有助于为高校科技管理体系的政策制定提供实证基础，进一步促进社会经济高质量发展。

现有文献主要以不同类型高校、不同地区高校、高校科技成果转化效率评价体系为研究对象，分析了高校科技成果转化的相对效率、高校科技成果转化综合效率、不同区域高校创新效率差异及其影响因素。上述研究成果颇丰，对本书研究具有重要的借鉴意义，但仍有以下可进一步探索的空间：①在研究视角方面，现有研究将高校科技成果转化过程视为一个"黑箱"，缺乏子环节的转化效率分析；②在研究内容方面，鲜少学者对不同类型高校群体的转化效率进行评价，其实证分析也不够深入。

本章从创新价值链角度出发，将科技成果转化进一步细分为成果化和商业化两个阶段，构建了高校科技成果转化的两阶段效率评价体系，并将科技中介纳入研究框架中。通过测评长江经济带高校整体、分区域及省域效率情况，并结合长江经济带地区分类型高校科技成果转化状况，来测度分析高校科技成果转化效率水平。与现有的研究相比，本章的研究主要作了以下拓展：从创新价值链的视角研究了两阶段高校科技成果转化效率状况，有针对性地考察了长江经济带地区高校群体在不同子过程的相对效率值及两个子过程的关联程度，以期揭示高校创新系统内部各环节的效率水平，有助于高校和政府等相关主体进一步改善科技成果转化能力。

4.1　研究方法

4.1.1　两阶段 DEA 模型

前文的理论阐述部分已经构建了高校科技成果转化两阶段的效率评价体系。科技成果转化系统通过多个相互关联的子系统进行关联，各系统之间也相互影响，但传统的 CCR-DEA 模型以及 BCC-DEA 模型将投入产出系统视为"黑箱"进行操作，虽然有利于测度的实现，却忽视了阶段运行特征会对系统整体效率产生影响，使得效率测算的结果和实际不符，同时也难以获取决策单元效率的细节内容。与标准的 DEA 模型相比，网络 DEA 模型在衡量效率方面有更可靠的结果，还能够更准确地识别效率低下的关键因素。

为实现这一评价过程，本书在传统 CCR-DEA 模型的基础上，综合考虑两阶段的关联性，并将追加中间投入因素纳入研究框架中，借鉴 Li 等提出的拓展两阶段效率分解模型评价科技成果转化的绩效，并参考 Kao 和 Hwang 将两阶段整体效率描述为两个子阶段效率乘积，即 $E_i = E_i^1 \times E_i^2$ $E_i = E_i^1 \times E_i^2$。在模型中，假定待评估地区有 n 个个体，每个个体记为一个研究单元（DMU_i），每个决策单元有 m 项最初投入，记为 $X_k(k = 1, 2, \cdots, m)$；通过这几种投入产生了 q 项中间产品产出，记为 $Z_{QI}(Q = 1, \cdots, h)$；而中间产出作为投入并追加投入项 $H_{PI}(P = 1, \cdots, l)$ 进一步产生了 s 项最终产出，记为 $Y_{RI}(R = 1, \cdots, s)$。需要注意的是，研究假定中间产出的权重在两阶段中保持一致。

同时考虑到科技成果转化过程中受到各观测对象的产业结构、市场环境等影响，其投入产出规模有较大的差异，因此采用规模报酬可变下产出导向的两阶段模型。和传统的 DEA 模型一样，该模型在各个阶段得出的效率值为 1 时表明该决策单元在此阶段为 DEA 有效，若低于 1 则处于 DEA 无效状态，表明该过程的投入产出要素配置有待改进。综合效率和各阶段的关系如式（4.1）所示。

$$E_i = max E_i^1 \times E_i^2 = max \frac{\sum_{q=1}^{h} w_q Z_{qi}}{\sum_{i=1}^{m} v_k X_{ki}} \times max \frac{\sum_{r=1}^{s} u_r Y_{ri}}{\sum_{q=1}^{h} w_q Z_{qi} + \sum_{p=1}^{l} a_p H_{pi}}$$

$$(4.1)$$

$$s. t. \frac{\sum_{q=1}^{h} w_q Z_{qi}}{\sum_{i=1}^{m} v_k X_{ki}} \leqslant 1, \ i = 1, 2, \cdots, n$$

$$\frac{\sum_{r=1}^{s} u_r Y_{ri}}{\sum_{q=1}^{h} w_q Z_{qi} + \sum_{p=1}^{l} a_p H_{pi}} \leqslant 1, \ i = 1, 2, \cdots, n$$

$$v_i, w_q, a_p, u_r \geqslant 0, \ \forall i, q, p, r$$

式（4.1）中，v_i、w_q、a_p、u_r 分别为各投入产出项的权重。在模型中 E_i、E_i^1、E_i^2 分别是综合阶段、成果化阶段以及商业化阶段的效率水平，约束条件中的第 1 个条件体现了各省份高校的科技成果产出阶段需要满足的前沿条件，第 2 个条件则体现了高校科技成果转化的商业化阶段要满足的前沿条件；中间的知识成果产出指标在成果化产出阶段和商业化产出阶段的权重相等体现了两子阶段之间的关联性。模型的具体求解过程可以参考 Li 等（2014）。

4.1.2　DEA-Malmquist 方法

Malmquist 指数是由 Sten Malmquist 在 1953 年首次提出来的，此后由 Farrell 在 1957 年将其发展为 Malmquist 指数，到现在该指数在研究中多用于全要素生产率变化情况的测算。Caves 等（1982）根据 Malmquist 指数构建了生产率指数，将该指数用于生产分析实践当中。1978 年，Charnes 等提出了 DEA 方法，这种方法通过线性规划来进行测算，不断发展后被广泛应用于技术效率计算当中。Malmquist 指数的应用是以距离函数为基础的，当有多个投入和产出变量时，由投入和产出具体数据来定义距离函数。故在使用面板数据测度生产力变化时，可以使用线性规划和基于投入或产出的 Malmquist 的 TFP 指数工具把生产力变化分解成技术进步变化和技术效率变化；TFP 分为规模效率变化（SECH）、纯技术效率变化（PECH）和技术进步变化（TECH）。Malmquist 指数方法是在考虑效率的时间维度的前提下，对多输入和多输出的决策单元相对效率进行评价，也就是对两期之间发生效率改变的决策单元输入和输出导致的生产力进步进行研究。

作为动态 DEA 效率评价的主要工具，Malmquist 指数反映了 DMU 在时间序列中的生产力变化。假设有 n（j=1，2，…，n）个 DMU，DMU 只有一个输入和一个输出（X_j，Y_j），期限有 1、2 两期，并假设规模报酬不变。

Malmquist 指数（记为 ML）被定义为距离函数比率的几何平均，用公式表示为：

$$ML(X^t,\ Y^t,\ X^{t+1},\ Y^{t+1})=\left[\frac{D_i^t(X^{t+1},\ Y^{t+1})}{D_i^t(X^t,\ Y^t)}\times\frac{D_i^{t+1}(X^{t+1},\ Y^{t+1})}{D_i^{t+1}(X^t,\ Y^t)}\right] \tag{4.2}$$

式（4.2）中，X^t 和 X^{t+1} 分别表示 t 期和 t+1 期的投入向量；Y^t，Y^{t+1} 分别表示 t 期和 t+1 期的产出向量；$D_i^t(X^{t+1},\ Y^{t+1})$ 为第 i 个省份以 t 期为基准评价 t+1 期的效率；$D_i^t(X^t,\ Y^t)$ 为第 i 个省份以 t+1 期为基准评价 t+1 期的效率；$D_i^{t+1}(X^{t+1},\ Y^{t+1})$ 为第 i 个省份以 t+1 期为基准评价 t+1 期的效率；$D_i^{t+1}(X^t,\ Y^t)$ 为第 i 个省份以 t+1 期为基准评价 t 期的效率。ML 指数表示从 t 期到 t+1 期生产率的变化情况，当 ML 指数大于 1 时，则表示从 t 期到 t+1 期生产率提高，反之则表示生产率降低；当该指数为 1 时，即表明生产率不变。

进一步分解 ML 指数，公式为：

$$ML(X^t,\ Y^t,\ X^{t+1},\ Y^{t+1})$$
$$=TEC(X^{t+1},\ Y^{t+1})\times EFF(X^{t+1},\ Y^{t+1})$$
$$=\frac{D_i^t(X^{t+1},\ Y^{t+1})}{D_i^t(X^t,\ Y^t)}\left[\frac{D_i^t(X^{t+1},\ Y^{t+1})}{D_i^{t+1}(X^{t+1},\ Y^{t+1})}\times\frac{D_i^t(X^t,\ Y^t)}{D_i^{t+1}(X^t,\ Y^t)}\right]^{1/2} \tag{4.3}$$

式（4.3）中，TEC 表示从 t 期到 t+1 期的技术变化，TEC 指数大于 1，表示从 t 期到 t+1 期的技术进步，反之，则表示退步；EFF 表示从 t 期到 t+1 期的技术效率变化，EFF 指数大于 1，表示从 t 期到 t+1 期呈现出的技术效率改善的趋势，反之，则表示退步。Farrell 将技术效率变化（EFF）进一步分解为纯技术指数（PEC）和规模效率指数（SEC），也就是说：ML = TEC×EFF = PEC×SEC×TEC。

4.2 研究区域概况

长江经济带贯穿了东、中、西三大区域，包含江苏、浙江、安徽、江西、湖北、湖南、四川、云南、贵州、上海、重庆共 11 个省、直辖市，土地面积共占全国总面积的 21.4%，人口数量占全国总人口的 42.9%，经济总量占全国经济总量的 44.8%。长江经济带同时集中了全国 43% 的高等院校、46.7% 的研发经费支出，并贡献了 40% 以上的有效发明专利。可以说，长江经济带是中国最具有经济活力、创新活力和发展潜力的战略发展区域。习近平多次指出要坚定不移地贯彻新发展理念，推动长江经济带高质量发展，打造创新驱动发展优势，使长江经济带成为引领经济高质量发展的主力军。

创新驱动发展是长江经济带实现高质量发展的基础保障，但在科技创新和技术转化领域，长江经济带面临重大挑战。首先，长江经济带内部经济、社会和科技发展极不均衡。从统计数据来看，以宁沪杭为代表的东部地区贡献了长江经济带主要的经济产出和科技产出，东、中、西部省份间无论是经济总量还是科技投入都面临发展极不均衡的问题。以研究与试验发展（R&D）经费投入强度为例，上海市 R&D 经费投入强度是贵州省的 4.6 倍。其次，高校科技投入和科技成果转化制度发展不平衡。从数据来看，东部地区高校的经费投入总额和人均投入都远优于中西部高校。以高等学校科技经费拨入为例，上海市是贵州省的 17.7 倍，是云南省的 10.9 倍。这种区域科技成果投入产出的不均衡不仅会损害区域整体发展的效率，也不符合新时代高质量发展的要求。

地区间经济、社会和科技发展的不均衡，造成了区域内高校科技成果转化效率的不平衡。表4.2展示了2018年长江经济带高校科技投入—产出的部分指标。可以发现，上海、江苏和浙江高校的科技经费支出和技术转让合同金额远高于中西部高校。这种区域间高校科技成果投入—产出不平衡的诱因，既有区域间经济社会发展差距的因素，也受高校内部科技管理体制的影响。

表4.2　2018年长江经济带高校科技成果效率

省份	学校数（所）	研究与试验发展人员（人）	科技经费支出（千元）	发表学术论文数（篇）	技术转让合同数（项）	技术转让合同金额（千元）
上海	34	35353	16462630	71225	432	839999
江苏	149	29454	19035816	101418	2535	557568
浙江	93	18663	10485532	38371	1090	333093
安徽	91	16499	5636899	29979	389	110605
江西	83	7668	2238157	16864	122	48937
湖北	78	17003	11407219	60692	402	132651
湖南	97	16743	5514338	41170	263	476944
重庆	56	9367	4630335	22338	734	254574
四川	100	21831	7749592	59437	802	451828
贵州	39	4657	974702	9360	19	4234
云南	55	7309	1532509	14403	21	1424

4.3　研究结果

4.3.1　不同区域高校科技成果转化效率比对分析

本节在第3章构建的高校科技成果转化研究框架的基础上，以长江经济带高等院校群体为例，利用效率评价两阶段 DEA 模型测度了 2010~2019 年研究区域内高校在科技成果转化过程中的综合全局效率以及各阶段效率，表4.3~表4.5 为科技成果转化不同阶段效率的具体结果。

表 4.3　长江经济带高校科技成果转化综合效率

省份 ＼ 年份	2010	2011	2012	2013	2014	2015	2016	2017	2018	2019	平均
上海	0.75	0.79	0.79	0.68	0.55	0.64	1.00	1.00	1.00	1.00	0.82
江苏	1.00	1.00	0.96	0.99	1.00	1.00	1.00	1.00	1.00	1.00	1.00
浙江	1.00	1.00	0.75	0.56	0.42	0.46	0.80	0.67	1.00	1.00	0.77
安徽	1.00	0.81	0.96	1.00	0.93	1.00	1.00	0.55	0.86	1.00	0.91
江西	0.49	0.61	0.64	0.20	0.11	0.19	0.44	0.25	0.37	0.28	0.36
湖北	0.33	0.36	0.24	0.24	0.19	0.16	0.43	0.24	0.35	0.29	0.28
湖南	1.00	0.90	0.41	0.36	0.36	0.37	0.23	0.75	0.23	1.00	0.56
重庆	1.00	0.91	1.00	0.65	0.35	0.35	1.00	1.00	1.00	0.90	0.82
四川	0.41	0.46	0.87	0.01	0.79	0.50	0.46	0.97	1.00	1.00	0.65
贵州	0.10	0.07	0.16	0.08	0.24	1.00	0.34	0.24	0.75	0.28	0.32
云南	0.28	0.26	0.25	0.77	0.04	0.06	0.02	0.12	0.11	0.04	0.20

不同阶段的科技成果转化效率值表明，2010 年以来长江经济带各省市高校在综合效率阶段有效利用科技成果资源的能力仍有待提高。虽然各年度均有一些省、直辖市处于高校科技成果转化要素投入的生产前沿面上，但不可否认一些省、直辖市低效的事实，如 2013 年四川高校科技成果转化的综合效率仅为 0.01。其中，观测期内高校科技成果转化平均效率最高的是江苏（2010~2019 年平均值为 1），其次是同样位于东部地区的安徽，其综合效率的平均水平也达到了 0.91。云南则处于所有省份中的最低水平，综合效率均

值仅为 0.20,其次是位于中部的湖北。从整个长江经济带的地理区位来看,呈现出东西部高、中部低的现象。

各省、直辖市的高校科技成果转化在成果化阶段的要素利用效率表现均非常亮眼,且呈现出不断提升的趋势。上海从 2010 年的 0.75 缓慢提升至 2015 年的 0.81 之后,在 2016 年拉升至 DEA 最优水平,且在此之后保持了这一水平。江苏和浙江分别仅除 2013 年(0.99)以及 2016 年(0.80)为 DEA 无效之外,其余年份均实现了 DEA 有效,相类似的还有江西、湖北等。贵州和云南的高校在观测期内的成果化阶段均为 DEA 有效,但江西高校在 2016 年的成果化阶段效率为 0.45,为观测期内各省份的最低水平。从均值来看,除贵州和云南两省均值为 1 以外,成果化阶段效率均值最低的省份为上海,为 0.87,其他省、直辖市均高于 0.9。如表 4.4 所示。

表 4.4 长江经济带高校科技成果转化成果化阶段效率

年份 省份	2010	2011	2012	2013	2014	2015	2016	2017	2018	2019	平均
上海	0.75	0.79	0.79	0.76	0.79	0.81	1.00	1.00	1.00	1.00	0.87
江苏	1.00	1.00	1.00	0.99	1.00	1.00	1.00	1.00	1.00	1.00	1.00
浙江	1.00	1.00	1.00	1.00	1.00	1.00	0.80	1.00	1.00	1.00	0.98
安徽	1.00	0.81	0.96	1.00	0.93	1.00	1.00	1.00	1.00	1.00	0.97
江西	1.00	1.00	1.00	1.00	1.00	1.00	0.45	1.00	1.00	1.00	0.95
湖北	1.00	1.00	1.00	1.00	1.00	0.99	1.00	1.00	1.00	1.00	1.00
湖南	1.00	1.00	1.00	0.85	1.00	0.83	1.00	1.00	1.00	1.00	0.97
重庆	1.00	0.91	1.00	1.00	0.86	1.00	1.00	1.00	1.00	0.90	0.97
四川	1.00	0.99	0.87	0.91	0.79	0.93	1.00	1.00	1.00	1.00	0.95
贵州	1.00	1.00	1.00	1.00	1.00	1.00	1.00	1.00	1.00	1.00	1.00
云南	1.00	1.00	1.00	1.00	1.00	1.00	1.00	1.00	1.00	1.00	1.00

从区域内各省、直辖市高校在商业化阶段的效率表现来看，上海表现为明显的"V"形走势波动曲线，其2014年的商业化阶段效率值跌至0.70，为其在观测期内的最低水平。江苏仅有2012年（0.96）为非DEA有效，邻近的安徽也仅有2017年和2018年为非DEA有效，各年度的值分别为0.55和0.86。2013年，各省、直辖市中的最低效率值为四川的0.01，这与综合效率阶段的结果相一致。各省、直辖市中，高校在科技成果转化的商业化阶段效率均值最高的为江苏省（1.00），安徽和上海均以0.94的表现紧随其后。云南高校在这一阶段表现为最低的资源利用效率水平（0.20）。如表4.5所示。

表4.5　长江经济带高校科技成果转化商业化阶段效率

省份＼年份	2010	2011	2012	2013	2014	2015	2016	2017	2018	2019	平均
上海	1.00	1.00	1.00	0.89	0.70	0.78	1.00	1.00	1.00	1.00	0.94
江苏	1.00	1.00	0.96	1.00	1.00	1.00	1.00	1.00	1.00	1.00	1.00
浙江	1.00	1.00	0.75	0.56	0.42	0.46	1.00	0.67	1.00	1.00	0.79
安徽	1.00	1.00	1.00	1.00	1.00	1.00	1.00	0.55	0.86	1.00	0.94
江西	0.49	0.61	0.64	0.20	0.11	0.19	0.98	0.25	0.37	0.28	0.41
湖北	0.33	0.36	0.24	0.24	0.19	0.16	0.43	0.24	0.35	0.29	0.28
湖南	1.00	0.90	0.41	0.42	0.36	0.44	0.23	0.75	0.23	1.00	0.57
重庆	1.00	1.00	1.00	0.65	0.41	0.35	1.00	1.00	1.00	1.00	0.84
四川	0.41	0.46	1.00	0.01	1.00	0.54	0.46	0.97	1.00	1.00	0.69
贵州	0.10	0.07	0.16	0.08	0.24	1.00	0.34	0.24	0.75	0.28	0.32
云南	0.28	0.26	0.25	0.77	0.04	0.06	0.02	0.12	0.11	0.04	0.20

为了识别长江经济带高校科技成果转化各阶段的特征，要对整个区域的高校科技成果工作有一个全局的把握，有利于形成整个长江经济带区域一体化进程中对于科技成果转化工作的全局战略谋划。然而，由于个体之间存在

一定的特征差异，整体的形势对于个体而言也有滞后性和特殊性，因此需要从区域乃至省份角度进一步观察不同尺度下的高校科技成果转化活动变动特征，有利于各区域、各省份在全局战略格局下制定与自身发展实际相匹配的优化方案。因此，本章将从不同层面分析并归纳长江经济带高校科技成果转化各阶段的效率变化特征。

（1）全局特征分析。表 4.6 为 2010~2019 年长江经济带高校科技成果转化效率均值变化情况。结果表明长江经济带高校科技成果转化效率虽有所改善但依旧不高，综合效率和商业化效率均呈现出先持续下降并在 2014 年触底之后反弹回升的"V"形走势，而成果化效率则长期处于较优配置状态。

表 4.6 2010~2019 年长江经济带高校成果转化效率均值

年份	综合效率	成果化效率	商业化效率
2010	0.67	0.98	0.69
2011	0.65	0.96	0.70
2012	0.64	0.97	0.67
2013	0.50	0.96	0.53
2014	0.45	0.94	0.50
2015	0.52	0.96	0.54
2016	0.61	0.93	0.68
2017	0.62	1.00	0.62
2018	0.70	1.00	0.70
2019	0.71	0.99	0.72
平均效率	0.61	0.97	0.63

从整体来看，2010~2019 年长江经济带高校科技成果转化综合效率和分阶段效率的均值分别为 0.61、0.97 和 0.63，均离效率前沿面较远（如表 4.6

所示）。2010~2014年高校科技成果转化效率持续下降，表明这一时期创新要素投入难以有效转化为生产力，同时造成了较大的资源浪费。然而，从2015年开始，该区域的高校科技成果转化效率不断提升，说明区域内创新要素配置结构不断优化。

长江经济带高校在创新价值链中的成果化阶段效率从2010年的0.98变为2019年的0.99，长期保持在较高效率的状态且持续增长。这说明长江经济带对高校研究成果产出的推动作用成效显著，在已经达到了高效率的情况下仍旧能够进一步创造新的提升空间。但商业化阶段平均水平在这两个时间节点则分别为0.69和0.72，表明商业化水平虽然略有上升，但相比于巨大的上升空间而言，所取得的成绩还是低水平的。值得注意的是，2012~2014年由于外贸红利和人口红利的逐步减弱带来了经济下行压力，宏观经济进入了稳中求进、提质增效的中高速增长阶段，经济重心也从追求数量向质量转型，创新成果产出和市场需求出现失调，使得科技成果转化效率出现大幅度的下降。因此，为有效提升长江经济带高校科技成果转化效率，整个长江经济带应当以提升高校科技成果商业化推广和市场应用作为区域协同发展的全局战略。

（2）分区域特征分析。从地理位置来看，长江经济带可以进一步被细分为上游（云南、贵州、四川、重庆）、中游（湖北、湖南、江西）和下游（安徽、浙江、上海、江苏）三个区域。不同区域受到地理因素、资源禀赋等条件的影响，经济状况和社会发展情况也有一定的差异，这也使得科技成果转化的效率特征有所区别。

不同区域的比较结果表明，长江经济带下游地区高校的科技成果综合转化效率最高，上游地区次之，中游地区则最差，上游的综合效率波动情况比中游地区更稳定。但从细分阶段来看，成果化效率表现为上游地区和中游地区除极个别年份外均高于下游地区,商业化效率同样是下游地区最高,上游地区和中游地区比较接近且互有优劣(如图 4.1 所示)。从分区域的具体结果来看,图 4.1 中所示长江经济带上、中、下游地区的高校科技成果转化在成果化阶段均没有较大差异。明显发生变化的是 2016 年中游地区下降为 0.82,到 2019 年则仅有上游地区未达到效率最优(0.98)。在商业化阶段,下游地区的商业化效率从 2010 年和 2011 年的 DEA 有效持续下降至 2014 年,在这之后波动上升并在 2019 年再度实现了 DEA 有效,而上游地区的效率值则从 2010 年的 0.44 逐渐波动上升至 2019 年的 0.58,中游地区的效率波动更为剧烈,从 2011 年起经历了长时间的持续下降后在 2014 年触底回弹,到 2019 年该区域高校的科技成果转化商业化效率也仅为 0.52。

同时,这两个阶段的差异也导致了各区域的高校科技成果转化综合效率和商业化阶段有相似的走势。不同之处在于,上游地区的高校科技成果转化效率在 2010 年和 2011 年均显著低于中游地区,但是在 2012 年以后则长期高于中游地区,2019 年上游和中游地区的科技成果转化综合效率再度接近。下游地区的高校科技成果转化综合效率长期保持在 0.8 以上,仅 2014 年和 2015 年分别为 0.72 和 0.77 的低值,上游地区的综合效率最高值(0.71)依旧低于下游地区的最低水平。

因此,对于长江经济带而言,提高高校科技成果转化效率最重要的就是要提升创新成果商业化效率,而提升整个区域高校科技成果商业化效率的重心则在于上游和中游地区,下游地区应当以在保障较高商业化效率的同时,同样重视成果化阶段的产出质量。

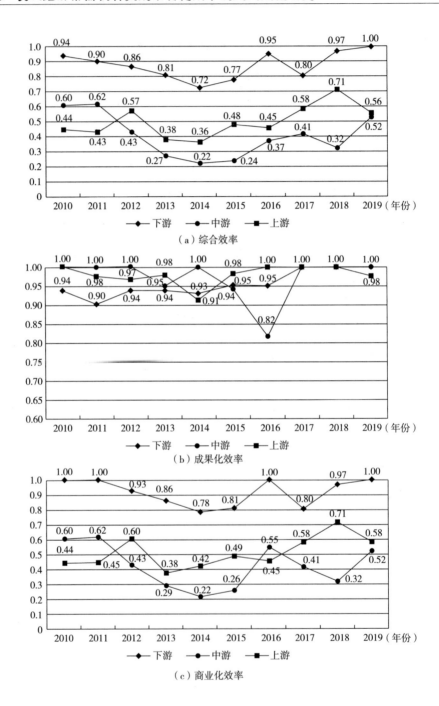

（a）综合效率

（b）成果化效率

（c）商业化效率

图4.1 长江经济带分区域各阶段效率值

（3）分省域分析。本部分进一步分析了长江经济带各省份高校科技成果转化效率的变化特征，选取了 2010 年、2013 年、2016 年以及 2019 年四个年份进行对比。长江经济带各省份高校科技成果转化的效率计算结果表明，各省份的高校科技成果转化效率在观测期内其效率值变化非常剧烈，且各省份之间的综合效率水平差距不断增大。江苏和安徽是整个长江经济带地区高校科技成果转化效率最高的省份，而效率最低的省份分别为江西、湖北和贵州。

2010 年仅有浙江、安徽、湖南和重庆四个省份实现了效率最优，但贵州的综合效率最低（0.10）。到 2019 年长江经济带下游全部实现了效率最优，但上游和中游地区与之差距则变大，上海、江苏、浙江、安徽、湖南以及四川六个省份实现了效率最优，但云南的综合效率仅有 0.04。长江下游地区各省份高校科技成果转化的效率均大于 0.8，处于较高效率水平。这些省份利用其区位优势、技术优势和人才优势，能够实现科技成果社会价值的最大化，均有较好的资源配置综合效率。上、中游地区则仅有重庆能够和长三角地区的这几个省份相比，贵州地区平均综合效率则最低（0.39）。

在成果化阶段，各省份的转化效率均较优，且均向高效率配置绩效水平聚集，观测期内仅有个别省份尚未实现效率最优。2010 年除上海的效率为 0.75 之外，其他省份均达到了 DEA 有效，2019 年仅重庆没有达到科技成果产出效率的最优水平（其效率值为 0.90），安徽、湖北、贵州和云南 2010 ~ 2019 年均长期保持 DEA 有效。

而在科技成果转化的商业化阶段，长江经济带下游地区在 2010 年、2016 年和 2019 年均实现了最优的创新要素配置结构，能够有效地将创新成果和市场需求紧密结合。江西、湖北以及贵州则长期表现出低效率的状态。四川虽然在前几年处于低效率的水平（2013 年商业化效率值仅有 0.01），但是在

2019 年依旧达到了 DEA 有效。

以现有研究作为评价是否有效的依据，可以将效率得分处于相同范围内的样本划分为一个集群。本书将综合效率得分值为 0.9~1 的样本划分为高校科技成果转化高效区，得分值为 0.7~0.9 的样本划分为高校科技成果转化中效区，得分值低于 0.7 的样本则为低效区。表 4.7 为基于长江经济带高校科技成果转化效率均值的聚类结果。

表 4.7　基于长江经济带高校科技成果转化效率均值的聚类结果

	综合效率阶段	成果化阶段	商业化阶段
高校科技成果转化高效区	浙江（0.93） 江苏（0.89）	贵州（1.00） 云南（1.00） 浙江（0.99） 四川（0.97） 安徽（0.97） 江苏（0.96） 江西（0.93） 上海（0.92） 湖南（0.90）	浙江（0.94） 江苏（0.93）
高校科技成果转化中效区	安徽（0.79） 四川（0.78） 上海（0.75） 贵州（0.75）	重庆（0.87） 湖北（0.86）	安徽（0.82） 四川（0.80） 上海（0.80） 贵州（0.75）
高校科技成果转化低效区	云南（0.58） 重庆（0.57） 湖南（0.43） 江西（0.42） 湖北（0.28）		重庆（0.68） 云南（0.58） 湖南（0.49） 江西（0.45） 湖北（0.33）

使用两阶段 DEA 模型对长江经济带高校科技成果转化效率进行计算，长江经济带 11 个省份在 2010~2019 年的高校科技成果转化效率各阶段均值结

果见表 4.3、表 4.4、表 4.5。效率值聚类分析结果显示，长江经济带各省份高校的科技成果转化均值为 0.61。从省级层面来看，长江经济带高校科技成果转化效率均值最高的两个省是浙江和江苏，其均值分别为 0.93 和 0.89；转化效率最低的五个省份是云南、重庆、湖南、江西和湖北，转化均值都未超过 0.6。而从区域范围来看，长江下游地区的高校科技成果转化率最高，平均值为 0.84，超过整个经济带平均水平；其次为平均值为 0.67 的上游地区，中游地区平均值为 0.38，明显落后于上游和下游地区。可见，要想提高长江经济带高校科技成果转化效率，应从以下三个方面着手：①从转化过程角度来看，应该特别关注商业化阶段的效率提升；②从区域角度来看，需要重点提升中游地区（湖北、湖南和江西）的转化效率；③从省级范围来看，需要重点提升云南、重庆、湖南、江西和湖北五个省份的转化效率。

4.3.2 不同类型高校科技成果转化效率比对分析

不同类型高校由于其办学宗旨等差异，在国家和区域的创新体系中也有不同的定位，因此在科技成果转化过程中的要求和表现也有所差异。关注不同类型高校的科技成果转化绩效，有助于明确院校在科技成果转化过程中的定位、功能以及未来发展方向，因此，本节将进一步针对不同类型高校的科技成果转化工作及其表现进行分析和讨论。

《高等学校科技统计资料汇编》中将高校分为综合、理工、农业、林业、师范、医药和其他七种院校类型，以下是各类型高校在科技成果转化不同阶段的效率变化特征。

（1）综合院校。综合院校科技成果转化各阶段平均效率变化情况见图 4.2。该类型院校综合效率值 2010 年尚为 0.66，虽然在 2011 年增长到 0.68，但是自此之后就处于平缓变动状态，并在 2017 年降到最低（0.38），最高为 2019 年的 0.84。成果化阶段效率呈波动上升的趋势，最低点为 2012 年的 0.86，经历了两次下降后趋于平稳。商业化阶段的效率值波动剧烈，分别在 2012 年和 2017 年出现了较大幅度的下降，但总体而言，到 2019 年商业化表现取得了显著的改善。

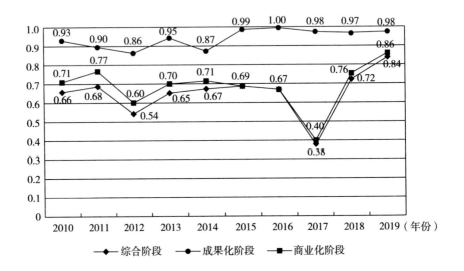

图 4.2　综合院校科技成果转化各阶段平均效率变化情况

（2）理工院校。理工院校科技成果转化各阶段平均效率变化情况如图 4.3 所示。该类型院校在 2014 年科技成果转化综合效率最低（0.46），最高则为 2017 年的 0.68。成果化阶段效率在 2010~2012 年表现为下降趋势，最低点为 2012 年的 0.86，2012 年之后则呈现出轻微的震荡。商业化阶段的效率值呈现了两个阶段的"V"形走势，经历了 2010~2014 年的直线下降之后开始回弹，并在 2017 年达到最高值，但 2018 年又有所下降，直到 2019 年尚未恢复到最高点的水平。

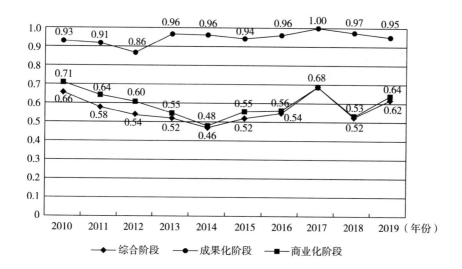

图4.3 理工院校科技成果转化各阶段平均效率变化情况

（3）农业院校。农业院校科技成果转化各阶段平均效率变化情况如图
4.4所示。该类型院校在2011年科技成果转化综合效率最低（0.34），最
高则为2019年的0.76。成果化阶段效率2011年和2016年均有小幅度的下
降，最低点为2011年的0.89。自2011年上升后在2013~2015年进入平稳
期，2017~2019年则是自2016年下降之后的另外一个平稳期，总体来看，
该院校的科技成果产出表现有所降低。2011年和2013年高校商业化阶段平
均效率值相对上一年出现了下降，但总体商业化阶段效率值呈现上升趋势。
总体而言，2019年相比于期初的市场表现有显著的改善，且未来走势非常
乐观。

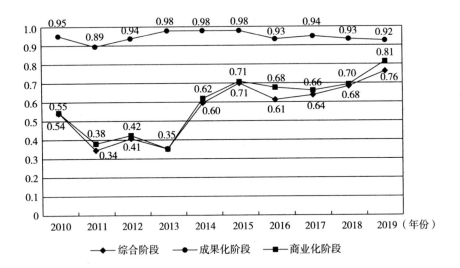

图4.4 农业院校科技成果转化各阶段平均效率变化情况

（4）林业院校。林业院校科技成果转化各阶段平均效率变化情况如图4.5所示。不同于其他类型高校，林业院校在2019年科技成果转化综合效率最低（0.21），最高则为2017年的0.89，变化幅度十分悬殊。成果化阶段效率在2010~2012年表现为DEA有效，2012年之后则表现为波动下行的状态，经历了2018年的最低效率（0.79）后，2019年再度提升为DEA有效。商业化阶段的效率值则在2010~2018年相对平稳，然而，2019年其商业化推广的表现急剧恶化，其效率值出现跳水，直接降为0.21的无效率水平。

（5）师范院校。师范院校科技成果转化各阶段平均效率变化情况见图4.6。该类型院校在2016年科技成果转化综合效率最低（0.28），最高则为2010年的0.73，呈现下降趋势。成果化阶段效率值变化不大，总体来看，该类型院校的科技成果产出表现有所进步。商业化阶段的效率值变化呈现出难以遏制的下降趋势，经历了2011年和2016年的两次低谷，虽然在2011年下

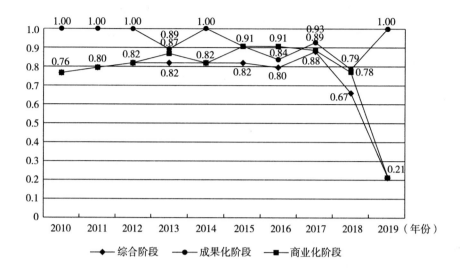

图4.5　林业院校科技成果转化各阶段平均效率变化情况

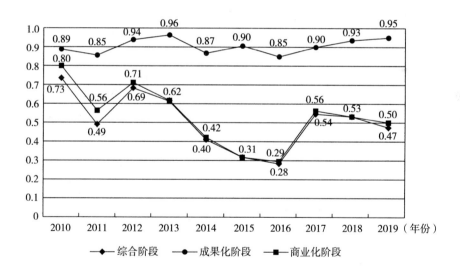

图4.6　师范院校科技成果转化各阶段平均效率变化情况

降之后快速回弹，但是2013~2016年的持续下降使得该类型院校的商业化效率变为无效，2017年以来再度下行至2019年的0.50，表明师范院校的科技成果转化市场化压力不断凸显。

（6）医药院校。医药院校科技成果转化各阶段效率变化情况如图4.7所示。该类型院校在2013年科技成果转化综合效率最低（0.32），最高则为2015年的0.68。成果化阶段效率呈现为"W"形的走势，虽然目前处于提升阶段，但总体来看该院校的科技成果产出过程中面临着创新要素无效配置的压力。与之相反，商业化阶段的效率值则呈"M"形变化特征，商业化效率最低值为2012年的0.38。其中2010~2011年、2013~2014年为上升阶段，2011~2013年、2014~2019年则处于下降时期，且目前商业化下降的趋势仍旧未得到扭转和改善。

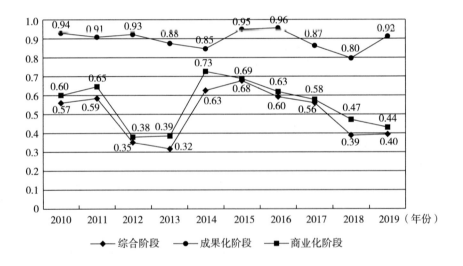

图 4.7　医药院校科技成果转化各阶段效率变化情况

（7）其他院校。其他院校科技成果转化各阶段平均效率变化情况见图4.8。其他类型高校的科技成果转化特征显著不同于以上几种类型的高校，该类型院校在2010年科技成果转化综合效率最低（0.24），最高则为2014年的

0.62。成果化阶段效率值变化不大，总体来看该类型院校的科技成果产出表现有所进步。以上类型高校在科技成果转化的产出阶段效率均在0.9左右波动，而其他类型高校则稳定在0.8的水平，但处于不断提升的状态。商业化阶段的效率值变化呈现出峰谷相间的态势，虽然在2014年达到了高水平的科技成果转化市场化表现，然而到2019年为止依然是低效率的。

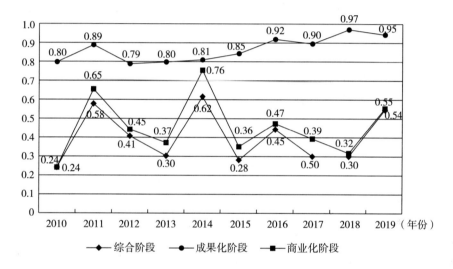

图4.8 其他院校科技成果转化各阶段平均效率变化情况

（8）各类型院校平均效率对比。进一步地，本章同时比较了各类型院校在科技成果转化的综合阶段、成果化阶段以及商业化阶段的平均效率变化情况。

对于科技成果转化的综合阶段而言，综合院校在2018年和2019年是创新成果转化表现最好的高校类型，而在2012年、2013年、2014年和2016年则位于第二，在2018年则最低（仅高于其他类型高校）。农业院校在2011年的综合效率水平处于最低位次，但是在2015年和2019年上升至第二位。林业院校在 2010~2017 年长期保持最高的科技成果综合效率，但是在 2019 年却成为科技成果转化综合效率最低的高校类型。其他类型院校则长期在各类型高校的综合效率中表现最差。医药院校在 2012 年的综合效率排名最低，理工院校和师范院校稳定在中等水平。

在成果化阶段，各类型高校的表现均较好。林业院校在 2010~2012 年、2014 年和 2019 年均为各高校类型中科技成果产出效率最高的院校类型。其他类型高校在 2010 年、2012~2015 年均为最后一名，虽然处于较低位次，但是上升趋势明显，另外五类院校的名次则一直波动变化。

在商业化阶段，师范院校在 2010 年的科技成果转化商业化效率位居第一，林业院校同样表现亮眼，2011~2018 年该类型院校在科技成果转化的商业化绩效最高，且力压其他各类型高校。2019 年综合类型院校稳步提升至第一的水平。而商业化表现最差的院校类型中，2010 年、2017 年和 2018 年是其他类型院校，2011 年和 2013 年则为农业院校，2012 年变为医药院校，2014~2016 年是师范院校，2019 年却变为前期表现最好的林业院校。

因此，在国家积极推动的创新战略下，长江经济带的各类高校都不断加大创新资源投入，通过竞争和合作推动区域创新高质量发展，致力于创新资源配置结构。但是在样本研究期内，除了林业院校表现突出以及其他院校类型表现较差外，各类型高校在科技创新以及科技成果的商业化推广过程中都没有表现出明显且长期的差距。

同上文，本书将综合效率得分值为 0.9~1 的样本划分为科技成果转化高效区院校，得分值为 0.7~0.9 的样本则划分为科技成果转化中效区院校，得分值低于 0.7 的样本则为低效区院校。基于长江经济带高校科技成果转化效率均值的聚类结果如表 4.8 所示。

表 4.8　基于长江经济带高校科技成果转化效率均值的聚类结果

	综合效率阶段	成果化阶段	商业化阶段
科技成果转化 高效区院校		综合院校（0.95） 理工院校（0.94） 农业院校（0.94） 林业院校（0.94） 医药院校（0.90） 师范院校（0.94）	
科技成果转化 中效区院校	林业院校（0.74）	其他院校（0.87）	林业院校（0.78）
科技成果转化 低效区院校	综合院校（0.66） 理工院校（0.57） 农业院校（0.56） 医药院校（0.51） 师范院校（0.51） 其他院校（0.40）		综合院校（0.69） 理工院校（0.59） 农业院校（0.59） 医药院校（0.56） 师范院校（0.53） 其他院校（0.46）

按照本书的划分标准，长江经济带高校科技成果转化效率处于高效区的院校类型尚不存在，而林业院校类型以 0.74 的效率值处于中等效率水平，其余院校的均值均处于低效区。而成果化阶段的效率聚类结果表明，除其他院校类型由于 0.87 的效率均值而处于中效区之外，另外 6 个类型的院校均位于高效区。商业化阶段中，林业院校以 0.78 的效率值被归类为中效区，其余院校由于低于 0.7 故被归为低效区。

分层聚类结果表明，在科技成果转化的综合阶段，各类型院校均未处于高效区，中效区院校仅有林业院校，其余院校均位于低效区。在成果化阶段，除其他类型院校处于中效区外各院校均处于高效区，说明不同院校均是科技成果产出的重要参与者。而在商业化阶段同样没有处于高效区的院校类型，有且仅有林业院校的商业化效率处于中效区，说明高校的科技成果产业化、商业化还有很大的提升空间。

4.3.3　长江经济带高校科技成果转化效率变化动态分析

第 3 章中已经具体阐述了效率测度的各项指标，本章前文基于这些指标计算了各年份的效率情况。本节主要从动态视角分析长江经济带高校科技成果转化的效率变动情况，因此沿用第 3 章的评价指标，其中综合化阶段的 Malmquist 效率投入指标为高校研究与试验发展全时人员、高校 R&D 成果应用及科技服务全时人员、高校研究与试验发展经费支出，产出指标为高校科技成果转让合同数、高校科技成果转让合同金额、高校科技成果当年实际收入。而成果化阶段的 Malmquist 效率投入指标为高校研究与试验发展全时人员、高校 R&D 成果应用及科技服务全时人员、高校研究与试验发展经费支出；产出指标为高校发表学术论文数、高校专利申请数、高校专利授权数。商业化阶段的 Malmquist 效率投入指标为高校发表学术论文数、高校专利申请数、高校专利授权数、科技服务经费、高等学校科技活动机构数量；产出指标为高校科技成果转让合同数、高校科技成果转让合同金额、高校科技成果当年实际收入。相关数据均来自教育部相关部门。

（1）不同区域高校全要素生产率动态变化分析。表 4.9 的结果显示，不同省份的高校科技成果转化全要素生产率表现最好的是四川，其在十年中保持了 7% 的年均增长率。同时，全要素增长率超过 1 的还有江苏、浙江、湖南、云南和贵州等省份。而全要素增长率水平最低的省份是上海，平均下降幅度达到了 6%。除此之外，安徽、江西、湖北和重庆也有不同程度的下降。在其他年份中表现最好的是 2013 年的四川，其全要素生产率为 2.89，而 2012 年的云南该指数仅有 0.30。

在成果化阶段，表现最好的是江苏，其全要素生产率的年均增长速度为

表4.9　长江经济带各省份高校科技成果转化综合阶段全要素生产率变化及分解

年份 省份	2011			2012			2013			2014			2015			2016			2017			2018			2019			平均		
	effch	techch	tfpch	effch	techch	tfpch	effch	techch	tfpch	effch	techch	tfpch	effch	techch	tfpch	effch	techch	tfpch	effch	techch	tfpch	effch	techch	tfpch	effch	techch	tfpch	effch	techch	tfpch
上海	0.88	1.04	0.92	0.93	1.16	1.07	0.59	1.16	0.68	2.09	0.81	1.69	0.78	1.15	0.89	1.29	0.95	1.22	1.00	0.75	0.75	0.96	0.52	0.50	0.87	1.32	1.15	0.98	0.95	0.93
江苏	1.04	1.06	1.10	1.00	1.00	1.00	0.99	0.97	0.96	1.01	0.87	0.88	0.73	1.30	0.95	1.37	0.84	1.15	1.00	1.18	1.18	1.00	1.21	1.21	1.00	0.84	0.84	1.00	1.02	1.02
浙江	0.91	1.04	0.95	1.11	1.01	1.12	0.86	1.12	0.96	1.00	0.78	0.79	1.22	1.21	1.47	1.02	0.98	1.00	0.60	1.00	0.60	1.54	0.93	1.43	1.10	1.03	1.13	1.01	1.01	1.02
安徽	1.00	1.09	1.09	1.00	0.96	0.96	1.00	0.84	0.84	1.00	0.95	0.95	1.00	1.19	1.19	1.00	1.69	1.69	1.00	0.41	0.41	1.00	0.90	0.89	0.90	1.02	0.92	0.99	0.95	0.94
江西	0.90	1.02	0.92	0.98	1.13	1.11	0.89	1.31	1.17	1.28	0.71	0.92	0.71	1.17	0.83	1.26	0.98	1.23	0.92	0.86	0.78	0.90	0.97	0.88	1.59	1.03	1.63	1.02	1.01	1.02
湖北	1.00	1.18	1.18	0.84	0.73	0.62	0.86	1.20	1.04	1.38	0.78	1.08	1.00	1.11	1.11	0.44	1.09	0.48	1.29	0.91	1.17	1.19	0.76	0.91	1.40	1.07	1.50	0.99	0.96	0.96
湖南	0.81	1.03	0.83	1.00	1.06	1.06	1.00	1.05	1.05	1.00	0.73	0.73	0.97	1.26	1.23	0.91	0.94	0.86	1.13	0.97	1.09	1.00	0.54	0.54	1.00	1.38	1.38	1.05	0.96	1.01
重庆	1.00	0.97	0.97	1.00	1.00	1.00	1.00	1.31	1.31	1.00	0.58	0.58	0.93	1.06	0.98	1.08	1.42	1.53	1.00	0.65	0.65	1.00	1.11	1.11	1.00	0.88	0.88	1.00	0.97	0.97
四川	1.00	1.19	1.19	1.10	0.91	1.00	1.00	2.89	2.89	1.00	0.63	0.63	1.00	1.09	1.09	0.57	1.34	0.77	1.75	0.70	1.22	1.00	0.88	0.88	0.86	1.10	0.95	0.99	1.08	1.07
云南	1.00	2.56	2.56	1.00	0.30	0.30	1.00	1.96	1.96	1.00	0.69	0.69	1.00	0.92	0.92	1.00	1.29	1.29	1.00	0.74	0.74	1.00	1.89	1.89	1.00	0.64	0.64	1.00	1.01	1.01
贵州	0.79	1.04	0.82	1.08	0.88	0.95	1.17	1.21	1.41	1.00	0.66	0.66	1.00	0.90	0.90	1.00	2.32	2.32	1.00	0.72	0.72	0.85	1.36	1.15	1.18	0.74	0.87	1.00	1.01	1.01

4.9%，同时全要素增长率超过 1 的还有浙江和安徽。其余省份均有不同程度的下降，全要素增长率水平最低的省份是云南，平均下降幅度达到了13.36%。除此之外，江西、湖北、湖南以及整个长江经济带上游的省份均有较大幅度的下降。在不同年份中，表现最好的是 2012 年的重庆，其全要素生产率为 1.22，而 2016 年的江西该指数仅有 0.64（见表 4.10）。

而在商业化阶段的全要素生产率变化中，可以发现四川的增速为 4%，虽然仍旧处于 11 个省份中的最高水平，但显著低于综合阶段的 7%。与此同时，江苏、浙江两省份也表现为商业化阶段全要素生产率的持续增长。但除了这三个省份之外，其余皆低于 1，说明长江经济带的大部分省份在高校科技成果转化的商业化阶段的效率为动态下降。这一阶段全要素增长率最低的省份为安徽，平均降幅为 11%。在不同年份中，表现最好的是 2013 年的四川，其全要素生产率为 2.39，而 2017 年的安徽该指数仅有 0.28，差距显著（见表 4.11）。

全要素生产率（tfpch）能够被进一步分解为技术进步（techch）和技术效率（effch），技术效率又可以进一步分解为纯技术效率（pech）和规模效率（sech）。从高校的发展来看，技术进步主要体现为高校科研人员的能力素质以及硬件的改善，纯技术效率以及规模效率则分别体现为管理制度的变革和投入规模的变化。表 4.12 显示，综合来看，长江经济带高校的科技成果转化效率呈现出增减相间的波动趋势，但是总体而言 2010~2019 年创新效率表现为不变的趋势，增长的动力主要源于纯技术进步，且处于规模效率递增阶段。在创新产出的成果化阶段，虽然从截面数据的结果来看不同省份在这一过程中均有较好的表现，但从时间线上可以发现成果化产出效率仍有 3% 的年均下降。因此实际上也是处于退步状态的。从平均结果来看，这一阶段的技术效率稳定不

表 4.10 长江经济带各省份高校科技成果转化成果化阶段全要素生产率变化及分解

省份\年份	2011 effch	2011 techch	2011 tfpch	2012 effch	2012 techch	2012 tfpch	2013 effch	2013 techch	2013 tfpch	2014 effch	2014 techch	2014 tfpch	2015 effch	2015 techch	2015 tfpch	2016 effch	2016 techch	2016 tfpch	2017 effch	2017 techch	2017 tfpch	2018 effch	2018 techch	2018 tfpch	2019 effch	2019 techch	2019 tfpch	平均 effch	平均 techch	平均 tfpch
上海	0.96	0.93	0.89	1.04	1.01	1.05	0.91	0.97	0.88	1.20	0.98	1.18	0.93	1.10	1.03	1.18	0.76	0.90	1.00	1.04	1.04	1.00	1.04	1.04	1.00	1.02	1.02	1.02	0.98	1.00
江苏	1.00	1.04	1.04	1.00	1.06	1.06	1.00	1.09	1.09	1.00	1.00	1.00	1.00	1.07	1.07	1.00	0.99	0.99	1.00	1.00	1.00	1.00	1.09	1.09	1.00	1.11	1.11	1.00	1.05	1.05
浙江	1.00	0.89	0.89	1.00	1.19	1.19	0.92	1.19	1.10	1.08	1.03	1.11	1.00	1.03	1.03	0.97	1.10	1.07	1.03	1.05	1.08	0.88	1.08	0.95	0.91	1.11	1.01	0.98	1.07	1.04
安徽	1.02	0.94	0.95	1.00	0.88	0.87	0.87	0.93	0.81	1.12	0.97	1.09	1.07	1.02	1.09	1.04	1.03	1.08	1.00	1.20	1.20	1.00	1.10	1.10	1.00	1.01	1.01	1.01	1.00	1.02
江西	1.00	0.79	0.79	1.00	0.93	0.93	1.00	0.96	0.96	1.00	0.99	0.99	1.00	1.07	1.07	1.00	0.64	0.64	1.00	1.11	1.11	0.99	1.06	1.04	1.02	0.99	1.01	1.00	0.94	0.94
湖北	1.00	0.93	0.93	1.00	1.00	1.00	0.95	0.98	0.93	1.01	0.98	0.99	1.04	1.02	1.06	0.85	0.85	0.86	1.00	0.98	0.98	1.00	0.96	0.96	1.00	0.98	1.00	1.00	0.97	0.97
湖南	0.97	0.90	0.88	0.89	1.01	0.90	0.94	0.96	0.89	0.98	0.95	0.92	1.09	1.01	1.10	1.15	0.86	0.99	0.87	1.08	0.94	1.02	0.98	0.98	1.00	0.98	0.98	1.00	0.96	0.96
重庆	0.92	0.94	0.87	1.09	1.12	1.22	1.00	0.97	0.97	1.00	0.91	0.91	1.00	1.06	1.06	0.98	0.87	0.85	0.95	0.91	0.87	1.00	0.91	0.93	1.00	0.95	0.95	0.99	0.98	0.96
四川	1.00	0.99	0.99	1.01	0.93	0.94	1.01	0.94	0.95	0.96	0.95	0.91	0.99	1.02	1.01	1.21	0.74	0.89	1.00	0.87	0.87	0.99	0.90	0.89	1.02	0.98	1.00	1.01	0.92	0.94
云南	1.00	0.86	0.86	1.00	0.80	0.80	1.00	1.00	1.00	1.00	0.81	0.81	0.82	0.82	0.82	1.00	0.78	0.78	1.00	0.87	0.87	1.00	1.06	1.06	1.00	0.85	0.85	1.00	0.87	0.87
贵州	1.00	1.00	1.00	1.00	1.01	1.01	1.00	0.95	0.95	0.96	1.09	1.05	1.04	1.01	1.05	1.00	0.92	0.92	1.00	0.86	0.86	1.00	0.96	0.96	1.00	0.81	0.81	1.00	0.95	0.95

表 4.11　长江经济带各省份高校科技成果转化商业化阶段全要素生产率变化及分解

省份\年份	2011 effch	2011 techch	2011 tfpch	2012 effch	2012 techch	2012 tfpch	2013 effch	2013 techch	2013 tfpch	2014 effch	2014 techch	2014 tfpch	2015 effch	2015 techch	2015 tfpch	2016 effch	2016 techch	2016 tfpch	2017 effch	2017 techch	2017 tfpch	2018 effch	2018 techch	2018 tfpch	2019 effch	2019 techch	2019 tfpch	平均 effch	平均 techch	平均 tfpch
上海	0.89	1.05	0.94	1.12	1.10	1.22	0.53	1.14	0.61	1.88	0.90	1.69	0.79	1.15	0.91	1.27	0.84	1.06	1.00	0.76	0.76	0.97	0.58	0.56	1.04	1.58	1.64	1.00	0.98	0.98
江苏	1.06	1.04	1.10	0.88	1.02	0.90	1.06	0.97	1.03	1.00	0.90	0.90	0.67	1.36	0.91	1.50	0.81	1.30	1.00	1.16	1.16	1.00	1.15	1.15	1.00	0.85	0.85	1.01	1.02	1.02
浙江	0.93	1.06	0.98	1.09	1.04	1.13	0.90	1.06	0.96	0.96	0.83	0.79	1.22	1.21	1.48	1.33	0.97	1.00	0.72	0.96	0.69	1.37	1.05	1.45	1.01	1.06	1.08	1.01	1.02	1.03
安徽	1.00	0.86	0.86	1.00	0.98	0.98	1.00	1.25	1.25	1.00	0.85	0.85	1.00	1.06	1.06	1.30	1.30	1.30	1.00	0.28	0.28	1.00	0.92	0.92	1.00	1.14	1.14	1.00	0.89	0.89
江西	0.79	1.00	0.79	1.07	0.86	0.91	0.75	1.24	0.93	1.33	0.70	0.93	0.87	1.08	0.94	1.06	0.70	0.74	0.80	0.88	0.70	1.03	0.99	1.01	1.55	1.01	1.57	1.00	0.93	0.92
湖北	1.00	1.21	1.21	0.84	0.73	0.61	0.84	1.24	1.05	1.41	0.73	1.04	1.00	1.08	1.08	0.65	0.99	0.44	1.25	0.93	1.16	1.19	0.75	0.89	1.43	1.03	1.47	0.99	0.95	0.94
湖南	0.68	1.02	0.70	1.88	0.83	1.56	1.00	1.00	1.00	1.00	0.72	0.72	0.97	1.24	1.20	0.52	0.77	0.70	1.13	0.96	1.08	1.00	0.54	0.54	1.00	1.28	1.28	1.03	0.90	0.92
重庆	1.00	1.02	1.02	1.00	0.88	0.88	1.00	1.43	1.43	0.80	0.64	0.51	0.94	1.14	1.06	1.33	1.04	1.39	1.00	0.74	0.74	1.00	0.90	0.90	1.00	0.84	0.84	1.00	0.94	0.94
四川	1.00	1.15	1.15	1.00	1.03	1.03	1.00	2.39	2.39	1.00	0.67	0.67	1.00	1.04	1.04	0.60	1.20	0.72	1.68	0.68	1.15	1.00	0.96	0.96	1.00	0.93	0.93	1.00	1.04	1.04
云南	1.00	1.92	1.92	1.00	0.32	0.32	1.00	0.95	0.95	1.00	2.24	2.24	1.00	2.05	2.05	1.00	0.45	0.45	1.00	0.45	0.45	1.00	1.56	1.56	1.00	0.51	0.51	1.00	0.91	0.91
贵州	0.88	0.91	0.80	0.98	0.98	0.96	1.16	1.06	1.23	1.00	0.86	0.86	1.00	0.90	0.90	1.00	2.30	2.30	1.00	0.74	0.74	1.00	1.03	1.03	1.00	0.75	0.75	1.00	0.99	0.99

表 4.12 2010~2019 年分地区高校科技成果转化效率动态分析及分解

效率\时期	综合阶段效率					成果化阶段效率					商业化阶段效率				
	effch	techch	pech	sech	tfpch	effch	techch	pech	sech	tfpch	effch	techch	pech	sech	tfpch
2010~2011 年	0.94	1.15	0.97	0.97	1.08	0.99	0.92	0.99	0.99	0.91	0.92	1.09	0.94	0.98	1.00
2011~2012 年	1.07	0.88	1.02	1.04	0.93	1.00	0.99	1.01	0.99	0.99	1.05	0.85	1.03	1.03	0.89
2012~2013 年	0.93	1.28	0.93	1.00	1.19	0.96	0.99	0.99	0.97	0.95	0.91	1.20	0.92	0.99	1.10
2013~2014 年	1.13	0.74	1.11	1.02	0.83	1.03	0.97	1.01	1.01	0.99	1.10	0.85	1.07	1.02	0.93
2014~2015 年	0.93	1.12	0.95	0.98	1.04	1.01	1.02	1.00	1.01	1.03	0.94	1.18	0.99	0.95	1.11
2015~2016 年	0.95	1.20	1.00	0.95	1.14	1.05	0.86	1.01	1.04	0.90	0.97	0.95	1.00	0.98	0.93
2016~2017 年	1.03	0.78	0.96	1.07	0.81	0.99	1.00	0.99	1.00	0.99	1.03	0.73	0.95	1.08	0.75
2017~2018 年	1.03	0.94	1.02	1.01	0.97	0.99	1.01	0.99	1.00	1.00	1.05	0.91	1.03	1.01	0.95
2018~2019 年	1.06	0.98	1.09	0.98	1.04	1.00	0.98	0.99	1.00	0.97	1.08	0.96	1.08	1.00	1.04
均值	1.00	0.99	1.00	1.00	1.00	1.00	0.97	1.00	1.00	0.97	1.00	0.96	1.00	1.00	0.96

变，技术进步则年均下降 3%。而商业化阶段的全要素生产率指数低至 0.96，主要是因为这一阶段的技术进步效率值出现了更大幅度的下降。

因此，这一计算结果表明，长江经济带高校科技成果综合效率水平的全要素生产率下降的根源在于创新投入的资本要素不断增加，但科技人员素质优化的速度以及硬件设施更新的步伐并不能和要素投入相匹配，导致产出增速有所迟滞。

（2）全要素生产率在不同类型高校间的差异分析。从长江经济带全域分析来看，并不是所有高校类型均表现为 Malmquist 指数均值的下降，如理工院校和医药院校的全要素生产率均实现了 2% 的平均增长。但是对于理工院校而言，其增长的动力主要在于技术效率的推动，而这又进一步可以归结为纯技术效率的改善，技术进步也产生了正向推动作用。技术效率增长是医药类院校全要素生产率增长的唯一动力。在 Malmquist 指数呈下降趋势的院校类型中，综合院校和其他院校的均值最低（0.95）（见表 4.13）。

在成果化阶段，各类院校的全要素生产率均值均低于 1，表明这个阶段各类型院校均面临创新效率下降。其中均值最小的为其他类型院校（0.85），均值最大的为理工院校，但是也仅有 0.99。综合院校和林业院校下降的主要原因在于规模效率递减以及技术进步两方面，而理工院校和农业院校在纯技术效率方面也有所下降，师范院校、医药院校和其他院校该阶段效率下降的主要原因均仅在于技术进步。

在商业化阶段，表现最好的仍是林业院校，在各年度长期保持商业化阶段效率第一，且保持着年均 2% 的增长速度。但值得注意的是，大部分类型院校在这一阶段的效率平均下降幅度超过 10%，主要包括综合院校、师范院校、医药院校以及其他院校，尤其是其他院校的平均降幅高达 17%。从原因

表 4.13　分院校类型——长江经济带高校全要素生产率平均动态变化及分解比较

综合院校

效率时期	综合阶段效率					成果化阶段效率					市场化阶段效率				
	effch	techch	pech	sech	tfpch	effch	techch	pech	sech	tfpch	effch	techch	pech	sech	tfpch
2010~2011 年	1.13	0.72	1.07	1.06	0.81	0.97	1.00	1.00	0.97	0.97	1.14	0.61	1.04	1.09	0.70
2011~2012 年	1.06	0.92	1.00	1.07	0.98	0.98	1.02	1.01	0.97	1.00	1.02	1.19	1.00	1.01	1.21
2012~2013 年	0.99	0.60	1.01	0.99	0.59	1.02	0.91	1.00	1.02	0.92	0.98	0.78	0.99	0.99	0.77
2013~2014 年	1.01	1.16	1.03	0.98	1.17	1.06	0.99	1.00	1.06	1.05	1.06	0.97	1.08	0.98	1.04
2014~2015 年	0.91	1.18	0.99	0.92	1.07	1.00	0.94	1.00	1.00	0.94	0.87	0.55	0.96	0.91	0.48
2015~2016 年	1.10	0.87	1.03	1.07	0.95	1.02	1.05	1.00	1.01	1.07	1.10	0.88	1.03	1.07	0.97
2016~2017 年	0.95	1.16	0.98	0.96	1.10	0.88	1.15	0.99	0.89	1.00	0.90	1.15	0.98	0.92	1.03
2017~2018 年	1.07	0.73	1.03	1.04	0.78	1.13	0.86	1.02	1.11	0.97	1.14	0.74	1.04	1.10	0.84
2018~2019 年	0.97	1.30	0.95	1.01	1.25	0.91	1.03	1.00	0.91	0.94	1.01	1.31	0.96	1.04	1.32
均值	1.02	0.93	1.01	1.01	0.95	0.99	0.99	1.00	0.99	0.98	1.02	0.87	1.01	1.01	0.89

理工院校

效率时期	综合阶段效率					成果化阶段效率					市场化阶段效率				
	effch	techch	pech	sech	tfpch	effch	techch	pech	sech	tfpch	effch	techch	pech	sech	tfpch
2010~2011 年	0.97	1.07	1.01	0.96	1.04	0.96	1.04	0.98	0.98	1.00	0.96	1.08	0.99	0.97	1.03
2011~2012 年	1.11	0.98	1.04	1.07	1.09	1.01	1.03	1.01	1.00	1.04	1.10	1.01	1.05	1.05	1.11
2012~2013 年	1.02	0.89	1.00	1.03	0.91	1.05	0.96	1.01	1.04	1.00	1.00	0.90	1.00	1.00	0.90

续表

时期 ＼ 效率	综合阶段效率					成果化阶段效率					市场化阶段效率				
	effch	techch	pech	sech	tfpch	effch	techch	pech	sech	tfpch	effch	techch	pech	sech	tfpch
2013~2014年	0.90	0.99	0.92	0.98	0.89	0.98	0.93	0.98	1.00	0.91	0.87	0.72	0.91	0.95	0.63
2014~2015年	0.93	1.13	0.95	0.98	1.06	0.98	0.97	0.99	0.99	0.95	0.99	0.89	0.99	1.00	0.88
2015~2016年	1.11	0.69	1.04	1.06	0.76	1.00	1.06	1.00	1.00	1.06	1.04	0.72	0.99	1.05	0.75
2016~2017年	0.92	1.45	1.02	0.91	1.34	1.02	0.98	1.03	0.99	1.00	0.95	1.24	1.03	0.92	1.18
2017~2018年	1.14	1.05	1.06	1.08	1.20	0.98	1.03	1.00	0.98	1.01	1.12	0.76	1.04	1.07	0.85
2018~2019年	1.04	0.94	1.05	0.99	0.98	0.94	0.99	0.97	0.97	0.93	1.06	1.30	1.05	1.01	1.38
均值	1.01	1.00	1.01	1.00	1.02	0.99	1.00	1.00	1.00	0.99	1.01	0.71	1.00	1.00	0.94

林业院校

时期	effch	techch	pech	sech	tfpch	effch	techch	pech	sech	tfpch	effch	techch	pech	sech	tfpch
2010~2011年	0.98	1.06	1.00	0.98	1.04	1.08	0.91	1.05	1.03	0.99	1.01	1.08	1.00	1.01	1.09
2011~2012年	1.02	0.96	1.00	1.02	0.97	1.03	0.92	1.01	1.02	0.94	1.00	0.91	1.00	1.00	0.91
2012~2013年	0.99	1.02	0.99	1.00	1.00	0.98	0.91	1.00	0.98	0.89	0.97	0.97	1.00	0.97	0.94
2013~2014年	1.00	1.00	0.97	1.03	1.00	1.01	0.94	1.00	1.01	0.95	1.01	1.02	0.97	1.03	1.03
2014~2015年	1.05	0.93	1.05	1.00	0.97	0.94	1.08	0.95	0.99	1.01	1.03	0.94	1.03	1.00	0.97
2015~2016年	0.99	1.01	1.00	0.99	1.00	0.97	1.28	1.04	1.00	1.33	0.99	1.01	1.00	0.99	1.00
2016~2017年	0.96	1.14	0.99	0.98	1.09	0.96	1.01	0.99	0.98	0.98	0.98	1.50	1.00	0.98	1.48
2017~2018年	1.00	1.01	1.01	0.99	1.01	0.96	1.19	1.01	0.96	1.15	0.97	0.71	1.00	0.97	0.69

续表

效率\时期	综合阶段效率					成果化阶段效率					市场化阶段效率				
	effch	techch	pech	sech	tfpch	effch	techch	pech	sech	tfpch	effch	techch	pech	sech	tfpch
2018~2019年	0.97	0.93	1.00	0.97	0.90	1.03	0.64	1.02	1.01	0.66	0.99	1.27	1.00	0.99	1.26
均值	0.99	1.00	1.00	0.99	1.00	1.00	0.97	1.01	1.00	0.97	0.99	1.02	1.00	0.99	1.02
农业院校															
2010~2011年	0.92	1.17	0.98	0.94	1.08	0.92	1.17	0.98	0.94	1.08	0.89	1.06	0.97	0.91	0.94
2011~2012年	1.06	0.89	1.01	1.04	0.94	1.06	0.89	1.01	1.04	0.94	1.09	1.07	0.99	1.10	1.17
2012~2013年	1.01	0.92	0.99	1.02	0.93	1.01	0.92	0.99	1.02	0.93	0.92	0.97	1.04	0.88	0.89
2013~2014年	1.03	1.10	1.00	1.02	1.13	1.03	1.10	1.00	1.02	1.13	0.79	1.25	0.95	0.84	0.99
2014~2015年	1.04	0.82	1.01	1.03	0.85	1.04	0.82	1.01	1.03	0.85	0.93	1.11	0.99	0.94	1.04
2015~2016年	0.93	0.96	0.97	0.95	0.89	0.93	0.96	0.97	0.95	0.89	1.09	1.07	1.07	1.03	1.17
2016~2017年	1.04	0.97	1.00	1.04	1.01	1.04	0.97	1.00	1.04	1.01	0.95	0.34	0.95	1.00	0.33
2017~2018年	1.01	0.95	1.00	1.01	0.96	1.01	0.95	1.00	1.01	0.96	0.58	1.77	1.04	0.55	1.02
2018~2019年	0.94	1.11	1.00	0.94	1.04	0.94	1.11	1.00	0.94	1.04	0.94	1.40	0.99	0.96	1.32
均值	1.00	0.98	1.00	1.00	0.98	1.00	0.98	1.00	1.00	0.98	0.90	1.04	1.00	0.90	0.93
师范院校															
2010~2011年	0.99	0.61	0.94	1.05	0.60	1.07	0.88	1.01	1.05	0.94	0.98	0.94	0.99	0.99	0.92

续表

效率 时期	综合阶段效率					成果化阶段效率					市场化阶段效率				
	effch	techch	pech	sech	tfpch	effch	techch	pech	sech	tfpch	effch	techch	pech	sech	tfpch
2011~2012年	1.05	1.33	1.05	1.00	1.39	1.05	0.93	1.03	1.02	0.97	1.02	0.81	1.01	1.01	0.82
2012~2013年	0.93	1.06	1.05	0.99	0.99	1.03	0.84	0.97	1.06	0.86	1.00	1.60	0.99	1.00	1.59
2013~2014年	1.04	0.90	0.95	1.02	0.93	0.94	1.19	1.00	0.94	1.12	0.94	0.78	0.98	0.96	0.73
2014~2015年	1.06	0.81	1.02	1.00	0.86	1.03	0.82	1.00	1.03	0.84	1.07	0.64	1.03	1.04	0.69
2015~2016年	0.83	1.25	1.06	0.94	1.05	0.99	0.99	1.01	0.98	0.98	0.83	1.19	0.88	0.94	0.98
2016~2017年	1.02	1.06	0.89	1.00	1.08	1.08	0.82	1.02	1.06	0.89	1.13	0.78	1.10	1.03	0.89
2017~2018年	1.12	0.87	1.02	1.05	0.98	1.00	0.93	0.99	1.01	0.93	0.98	0.71	0.97	1.02	0.69
2018~2019年	0.99	1.05	1.07	0.98	1.03	0.99	0.90	1.00	0.99	0.89	0.99	1.00	1.02	0.97	0.98
均值	1.00	0.97	1.01	1.00	0.97	1.02	0.92	1.00	1.01	0.93	0.99	0.90	1.00	1.00	0.89
医药院校															
	effch	techch	pech	sech	tfpch	effch	techch	pech	sech	tfpch	effch	techch	pech	sech	tfpch
2010~2011年	1.14	0.70	1.04	1.10	0.80	0.86	0.92	0.91	0.94	0.78	1.03	0.82	1.02	1.01	0.84
2011~2012年	1.13	0.85	1.10	1.03	0.96	1.12	0.88	1.10	1.02	0.98	0.97	1.03	0.96	1.01	0.99
2012~2013年	0.99	0.72	1.06	0.94	0.71	1.03	0.88	1.02	1.02	0.91	1.05	0.76	1.05	1.00	0.80
2013~2014年	0.85	2.08	0.83	1.02	1.77	1.04	0.90	0.97	1.07	0.93	0.86	1.42	0.96	0.90	1.22
2014~2015年	1.28	0.54	1.22	1.05	0.69	1.03	0.90	0.99	1.04	0.92	1.17	0.46	1.05	1.11	0.54
2015~2016年	0.90	1.38	0.90	1.00	1.24	1.07	0.98	1.07	1.00	1.04	0.99	0.73	1.00	0.99	0.72

续表

时期 \ 效率	综合阶段效率					成果化阶段效率					市场化阶段效率				
	effch	techch	pech	sech	tfpch	effch	techch	pech	sech	tfpch	effch	techch	pech	sech	tfpch
2016~2017年	1.10	0.92	1.09	1.01	1.01	1.00	1.06	0.98	1.02	1.06	1.01	0.94	1.00	1.01	0.95
2017~2018年	1.05	1.03	1.04	1.01	1.08	0.99	0.94	0.98	1.01	0.92	0.99	1.44	0.99	1.00	1.42
2018~2019年	0.95	1.35	0.99	0.96	1.29	1.01	0.82	1.01	1.00	0.82	1.01	0.56	1.01	1.00	0.56
均值	1.04	0.98	1.02	1.01	1.02	1.01	0.92	1.00	1.01	0.93	1.00	0.85	1.00	1.00	0.85

其他院校

时期 \ 效率	综合阶段效率					成果化阶段效率					市场化阶段效率				
	effch	techch	pech	sech	tfpch	effch	techch	pech	sech	tfpch	effch	techch	pech	sech	tfpch
2010~2011年	0.96	0.90	0.97	0.99	0.86	0.98	1.05	1.02	0.96	1.02	0.92	0.38	0.97	0.96	0.35
2011~2012年	0.93	1.26	1.04	0.89	1.16	0.82	1.27	0.93	0.88	1.04	1.00	2.11	1.04	0.97	2.11
2012~2013年	1.14	0.74	0.99	1.16	0.85	1.23	0.64	1.08	1.14	0.79	1.08	0.77	1.00	1.08	0.83
2013~2014年	1.02	1.00	1.01	1.01	1.02	1.04	0.89	0.97	1.07	0.92	1.00	0.52	1.00	1.00	0.52
2014~2015年	0.88	0.67	0.92	0.97	0.59	1.04	0.42	1.02	1.02	0.44	0.97	0.82	0.97	1.01	0.80
2015~2016年	1.13	1.16	1.09	1.04	1.31	0.86	1.07	0.90	0.96	0.93	1.03	0.97	1.03	1.00	1.00
2016~2017年	0.94	0.82	0.97	0.97	0.77	1.13	0.91	1.08	1.05	1.02	1.00	0.87	1.00	1.00	0.87
2017~2018年	0.99	0.82	1.00	0.99	0.82	1.01	0.83	0.97	1.04	0.84	0.98	0.68	0.98	1.00	0.66
2018~2019年	0.91	1.63	1.03	0.89	1.49	1.04	0.81	1.05	0.99	0.84	0.98	1.38	1.01	0.97	1.35
均值	0.99	0.96	1.00	0.99	0.95	1.01	0.84	1.00	1.01	0.85	1.00	0.84	1.00	1.00	0.84

来看，综合院校、理工院校、医药院校、师范院校和其他院校的技术进步值都较低，而后两者在纯技术效率以及规模效率方面均为小幅度的下降，但农业院校和林业院校的技术进步则表现为显著的改善，其效率下降的原因反而在于规模效率的下降。

4.4　本章小结

本章从创新价值链角度出发，将高校科技成果转化过程进一步细分为成果化和商业化两阶段，构建了高校科技成果转化的两阶段效率评价体系，并将科技中介纳入研究框架之中。针对 2010～2019 年长江经济带 11 个省份高校科技成果转化投入产出数据，采用追加投入的两阶段 DEA 模型对长江经济带高校成果转化的效率进行了总体分析和分阶段测度。同时从多层面对研究结果进行了分析。研究结果表明：

（1）长江经济带高校科技成果转化综合效率离生产前沿面较远，表现为成果化阶段效率高但商业化阶段效率低。整体来说，长江经济带高校在科技成果转化过程中的要素配置呈现先下降后回升的"V"形走势，下降的转折点在 2014 年，经历了短暂的低谷之后，整个长江经济带高校科技成果转化效率已经平稳向好，但总体而言依旧没有能够很好地发挥创新要素优化配置的作用。而具体分析创新成果价值链可以发现，长江经济带高校在成果化阶段均有良好且稳定的表现，因此高校的科技成果难以有效转变为现实生产力的主要问题在于，商业化过程中创新产出成果难以有效在市场中流动并创造价值。对于长江经济带的高校群体，提高高校科技成果转化效率的关键，在于如何加强科技成果转化创新价值链中的商业化环节，从而激发区域创新体系活力。

（2）长江中上游地区是提升高校科技成果转化的主要地区，在保持科技成果产出现有状态的前提下，需要努力提升科技成果商业化水平和能力。研究结果表明，长江经济带高校科技成果转化的综合效率排序为：下游地区高校>上游地区高校>中游地区高校。成果化阶段的排序为：中游地区>上游地区>下游地区。而在商业化阶段下游地区的效率最高，上游地区的商业化效率高于中游地区但差距小于综合阶段。下游地区的高校科技成果转化综合效率和商业化效率均明显优于其他地区，但成果化效率阶段却呈现相反状态，同时中游地区的综合效率以及商业化效率在时间序列上表现为先下降然后上升，上游地区呈波动上升趋势，下游地区变化相对不明显。相比下游高校群体，中上游高校群体的效率值低于平均水平。因此，长江中上游地区应该是提升高校科技成果转化的主要地区。在保持科技成果产出现有状态的前提下，需要努力提升科技成果商业化水平和能力。而下游地区应当依托高校的现有优势，进一步提高科技成果产出的质量。

（3）从省域角度来看，高校科技成果转化综合效率最高的省份为浙江和江苏，安徽、四川、上海和贵州则紧随其后，这些省份目前处于中效阶段，而湖北是高校科技成果转化综合效率最低的省份。从成果化阶段来看，安徽、湖北、贵州和云南均位于效率最优的生产前沿面上，而上海和江西是成果化阶段效率最低的两个省份。从商业化阶段来看，江苏和安徽均位于生产前沿面上，贵州和云南转化效率最低。各省份在科技成果转化不同阶段的效率表现结果表明，样本观测期内不同省份存在明显的差异。中游地区的科技成果转化绩效不尽如人意的关键在于江西和湖北两个省份表现不及预期，同时处于上游地区的贵州在商业化阶段的不足也是上游地区整体出现波动的核心因素。而处于下游地区的安徽以及江苏则在高校科技成果转化工作中表现亮眼。因此，为有效提升各地区的科技成果转化商业化效率，应当吸收和借鉴安徽和江苏等长期高效率省份的经验，并致力于提升江西、湖北和贵州等低效率省份的高校科技成果转化效率。

（4）总结不同类型高校在科技成果转化活动中的表现，平均而言在综合阶段林业院校效率最高，在成果化阶段综合院校效率最高，在商业化阶段林业院校效率最高，而在各阶段其他类型高校均为转化效率最低。林业院校的商业化表现较为突出，而其他类型院校科技成果转化则较薄弱。其余类型的高校群体都具有较好的发展趋势。考虑到我国高校的综合化趋势和特色化发展方向并存，应加强不同类型高校科技成果产出的合作以及交易机制的交流共享，充分发挥不同类型高校在科技成果转化工作中的特色和优势，同时顺应时代发展潮流，推动各类型高校共同进步。

（5）从动态角度来看，不同省份的全要素生产率大致呈现出波动下降的趋势，平均科技成果转化全要素生产率低于1。综合来看表现较好的省份有四川、江苏、浙江、湖南、云南以及贵州等省份。成果化阶段中江苏、浙江和安徽均表现较好，商业化阶段则四川、江苏和浙江表现较好。从院校类型来看，理工院校和师范院校科技成果转化效率表现为动态增长，在成果化方面所有高校均有所退化，市场化方面表现较好的是林业院校。

因此，不同于静态分析主要侧重于商业化阶段提升效率的结论，从生产前沿面的变动趋势来看，成果化阶段和商业化阶段同样需要重视，以提升科技成果转化的全要素生产率。对全要素生产率进行分解后可以进一步发现，技术进步是阻碍长江经济带高校科技成果转化的主要原因。这一结果不仅针对总体而言，从不同高校来看结果也比较相似。因此，要想使长江经济带科技成果转化效率优化提升，核心工作应当是促进技术进步，即进一步强化科研队伍建设，优化科研队伍学历素养，同时有条件的更新实验设备也有助于帮助高校提升其科研成果的社会应用价值。另外，也可以加大创新投入规模，可以提升科技成果转化的创新效率。从高校类型来看，林业院校应该主要针对成果化阶段的生产提供管理改进措施，其他院校类型需要同时兼顾两者，也就是说，针对每一个阶段的同等程度改进能够相近程度地提升科技成果转化全要素生产率，另外五个类型院校则应当主要致力于优化和改善市场化阶段的技术进步效率。

5 长江经济带高校科技成果转化
效率影响因素分析

第 4 章构建了高校科技成果转化的两阶段效率评价体系，采用追加投入的两阶段 DEA 模型对长江经济带高校成果转化效率进行了总体分析和分阶段测度。研究表明，2010~2019 年长江经济带高校的科技成果转化效率不仅存在着地区的差异，同时高校类型中也存在明显的特征差异，各地区高校利用创新资源的能力各有不用。通过对不同类型高校在不同阶段的转化效率影响因素进行识别，有助于改善和提升各类型高校利用创新资源的能力，帮助不同类型高校根据影响转化效率的因素分别制定符合自身发展特色的科技成果转化提升方案。

高校科技成果转化效率受到内外两个系统的影响，高校研发能力和成果转化能力等因素属于内部要素，外部要素主要来自高校外部的社会环境因素，如政府支持、人力资本、经济发展、产业结构等。本章通过实证分析，识别和探讨了高校的科技创新子过程科技成果转化效率的内外部因素以及影响效应，由此对不同类型的高校提出针对性优化建议和对策。经过阅读、整理现有文献之后发现，目前对高校科技成果转化效率影响因素和效应的研究集中在理论方面，仅有的实证类文章也仅对成果转化的外部因素产生的影响进行了研究和探讨。本书根据前人研究和数据特点，采用了 Tobit 模型系统地从产业结构、人力资本、政府支持和经济发展等内外部因素着手对高校科技成果转化效率进行研究，同时结合我国各高校的实际情况对各因素不同影响效果的原因进行探究和阐述。

5.1 研究方法

为识别科技成果转化效率的影响因素，本书在测度科技成果转化效率值的基础上对各种影响因素进行回归分析。一般而言，最常用的回归分析方法是最小二乘法，为反映自变量因素对效率变化的影响，需要将效率值作为被解释变量，但由于效率值的取值范围为（0，1]，存在数据截取问题，若采用该方法估计回归系数可能会导致估计偏差。Greene（1981）证实，当因变量处于 0~1 时，采用最小二乘法估计的系数会出现偏误，并造成回归结果的偏误。相比连续变量选择模型和离散选择模型，Tobit 模型有更好的能力去处理被解释变量为截断数据的情况，适用于与有截断数据的 DEA 模型结合，因此本书利用该模型分析科技成果转化效率的影响因素。

Tobit 模型具体形式为：

$$Y_k = \begin{cases} 0 & \text{if } X_k\beta+\mu_k<0 \\ X_k\beta+\mu_k & \text{if } 0\leqslant X_k\beta+\mu_k\leqslant 1 \\ 1 & \text{if } X_k\beta+\mu_k>1 \end{cases} \tag{5.1}$$

式(5.1)中，k 为不同的观测样本，X_k 为相关解释变量，Y_k 为不同观测个体的效率值，β 为未知参数向量，$\mu_k \sim N(0, \sigma^2)$。

本书关注的是不同要素对于长江经济带高校科技成果转化的各阶段效率影响，采用截面数据进行回归，因此具体的回归方程如式(5.2)~式(5.4)所示：

$$E_{it} = \beta_0 + \beta_i \times X_i + \mu_{it} \tag{5.2}$$

$$E_{it}^1 = \beta_0 + \beta_i \times X_i + \mu_{it} \tag{5.3}$$

$$E_{it}^2 = \beta_0 + \beta_i \times X_i + \mu_{it} \tag{5.4}$$

式(5.2)~式(5.4)中，E_{it}、E_{it}^1、E_{it}^2 分别表示各决策单元各年度的综合效率、成果化效率、商业化效率，X_i 为影响长江经济带高校科技成果转化的解释变量，μ_{it}，δ_{it}，c_{it} $N(0, \sigma^2)$。

5.2 影响因素指标选取

5.2.1 被解释变量

高校科技成果转化的综合效率、成果化效率以及商业化效率均作为本书的被解释变量，相关效率由第 4 章中追加投入的两阶段扩展 DEA 模型测算得出。

5.2.2 解释变量

本章选择的解释变量主要分为两个方面，分别是投入产出指标以及外部环境指标，以下分别是两类指标的具体内容：

（1）投入产出指标。第4章已经基于高校科技成果转化创新价值链详细阐述了高校科技成果转化效率评价体系的指标选取，在本章中，高校科技成果转化投入产出指标将作为内部指标进行分析。

（2）外部环境指标。科技成果转化效率不仅受投入产出配置结构的影响，还受外部要素冲击的影响。作为科技研发的重要场所和平台，高校的科技成果转化水平和区域经济社会发展息息相关，是带动地区经济发展的动力之一。然而，顶层设计规划不完善、转化体制机制不健全、服务水平不匹配等外部问题也可能会限制高校科技成果转化的水平。冯锋等（2020）提出了扎根理论，将影响高校科技成果转化的因素分为了阶段性、成果属性、中介、各主体投入、各主体投入关系、环境六组因素。而前面五组因素主要表征在创新价值链的不同环节中，这在前文的分阶段投入产出效率评价中已经进行了考虑。而对外部环境要素的有效识别也有助于提高科技成功转化的效率和水平。其中，环境要素包括政府、社会、资源、硬件支持等方面，如学者们将人力资本水平、外商直接投资、金融发展、产业结构以及政府干预等作为影响指标来分析。因此，为探究影响长江经济带高校科技成果转化效率的外部环境影响因素，本书在现有研究的基础上，选择了产业结构、人力资本、政府支持以及经济发展四个因素作为外部环境变量，进一步针对高校科技成果转化不同阶段的外部影响因素进行了更为全面的识别。

1）产业结构（indstr）：高技术产业是一个地区创新能力的集中体现，本书采用各地区规模以上高技术产业的主营业务收入占规模以上工业企业主营业务收入的比重反映创新产业结构因素在提升高校科技成果转化方面的影响。

2）人力资本（edu）：科技创新的主体在于科技人才的投入，而这集中反映在教育水平方面，因此本书用各地区每千人高等学校在校生人数衡量不同省份的人力资本水平。

3）政府支持（gover）：政府对于科技创新活动的支持体现在对科技创新活动的投资上，本书利用地方财政科技支出占地方财政支出的比重来测度这一指标。

4）经济发展（pergdp）：本书采用以 2010 年为基期并通过平减之后的人均 GDP 来度量不同地区经济水平对提升科技成果转化效率的影响。

本章以长江经济带各省份类型高校作为研究对象。表 5.1 展示了分析中使用的指标。其中，投入产出数据从《高等学校科技统计资料汇编》（2010～2019 年）中获取，外部影响因素的数据则来自《中国统计年鉴》（2010～2019 年），分类型高校的数据通过向教育部政务公开依法申请并公开获取批准。

表 5.1　影响因素指标体系

指标		准则	影响因素	变量
内部影响因素	初始投入指标	人力投入	高校研究与试验发展全时人员	rdt
			高校 R&D 成果应用及科技服务全时人员	rde
		资本投入	高校研究与试验发展经费支出	rda
	中间产出指标	学术成果	高校发表学术论文数	app
		专利	高校专利申请数	pan
			高校专利授权数	pgn
	追加投入指标	中介投入	科技服务经费	ste
			高等学校科技活动机构数量	stn
	最终产出指标	科技成果收入	高校科技成果转让合同数	cst
			高校科技成果转让合同金额	ast
			高校科技成果当年实际收入	ist

续表

指标	准则	影响因素	变量
外部影响因素 产业结构	产业结构	规模以上高技术产业的主营业务收入 占规模以上工业企业主营业务收入的比重	indstr
人力资本	人力资本	每千人高等学校在校生人数	edu
政府支持	政府支持	地方财政科技支出占地方财政支出的比重	gover
经济发展	经济发展	人均 GDP	pergdp

5.3 高校科技成果转化效率的影响因素分析

5.3.1 综合分析

表 5.2 展示了模型回归的结果。从高校科技成果转化的综合效率回归结果来看，高校科技成果转让合同数和高校科技成果转让合同金额以及科技服务经费对高校科技成果转化效率具有显著影响。其中，高校科技成果转让合同数和高校科技成果转让合同金额对其的回归系数均显著为正。结果证实，高校的技术转移规模对科技成果转化的综合效率具有显著的正向影响。而科技服务经费对高校科技成果转化的综合效率的回归系数显著为负，表明目前科技中介的服务水平尚不能与高校形成有机结合。

表 5.2 长江经济带高校科技成果转化效率

变量	E			E¹			E²		
	Coef.	t	P	Coef.	t	P	Coef.	t	P
indstr	0.21	0.25	0.81	−0.71	−0.81	0.42	−0.81	−0.80	0.43
edu	0.39	0.36	0.72	−1.69	−1.49	0.14	2.49**	2.05	0.04

续表

变量	E			E¹			E²		
	Coef.	t	P	Coef.	t	P	Coef.	t	P
gover	−2.25	−0.48	0.64	0.94	0.18	0.86	−0.11	−0.02	0.98
pergdp	3.78	1.09	0.28	8.24**	2.27	0.03	−2.05	−0.52	0.61
rdt	−0.02	−0.05	0.96	−1.05***	−2.97	0.00	0.72**	2.00	0.05
rde	7.82	1.05	0.30	−21.90**	−2.19	0.03	0.17**	2.09	0.04
rda	1.09	1.24	0.22	−1.22	−1.27	0.21	1.21	1.24	0.22
app	−0.08	−0.73	0.47	0.41***	2.93	0.00	−0.33***	−2.71	0.01
pan	0.56	1.32	0.19	1.08**	2.37	0.02	0.49	1.15	0.25
pgn	−0.72	−1.40	0.16	−1.07*	−1.91	0.06	−0.82	−1.52	0.13
ste	0.04***	−2.74	0.01	−0.02	−1.47	0.14	−0.39**	−2.09	0.04
stn	−6.09	−0.69	0.49	−6.39	−0.65	0.52	−7.20	−0.72	0.47
cst	5.33***	2.80	0.01	−3.26*	−1.78	0.08	4.9**	2.22	0.03
ast	0.01***	3.78	0.00	0.01	0.98	0.33	0.02***	3.97	0.00
ist	−0.01	−1.17	0.25	0.01	0.44	0.66	0.01	0.33	0.75
_cons	0.31**	2.10	0.04	1.55***	7.14	0.00	0.06	0.38	0.70
log-likelihood	−18.46			−12.25			−22.32		
LR chi2 (15)	119.86			46.07			135.74		
Prob>chi2	0.00			0.00			0.00		
obs	110			110			110		

注：***表示 p<0.01，**表示 p<0.05，*表示 p<0.1。

在成果化阶段，人均 GDP、高校研究与试验发展全时人员、高校 R&D 成果应用及科技服务全时人员、高校发表学术论文数、高校发明专利申请数、高校发明专利授权数、高校科技成果转让合同数是主要因素。其中，人均 GDP 对成果化效率的回归系数显著为正，表明良好的经济发展环境能够有效帮助高校提升创新能力，同时为高校积极探索和开拓新领域的研究工作提供了保障。人力投入的两个指标对其的影响系数显著为负，这说明当前高校科技创新的劳动投入难以有效促进科技成果产出提高，可能的原因在于劳动力投入处于过度冗余状态。高校发表学术论文数量以及发明专利申请数量具有显著正向影响，但发明专利授权数量负向影响成果化效率。表明中间产出并不是越高越好，更应该注重其学术影响力和科研创新能力。高校科技成果转让合同数的回归系数为−3.26，表明在该阶段对成果化效率产生了负向影响，可能是由于追求科技成果转化的产出增长无形中带动了创新资源的无效投入。

在商业化阶段，人力资本、劳动投入和科技成果合同收入均显著促进了高校科技成果转化商业化效率。但高校发表论文数量和科技服务经费的影响显著为负。长江经济带拥有丰富的高校和科研单位资源，良好的营商环境也为创新人才提供了机遇，因此能够有效推动科技成果的转移和流动，科技成果合同数量显示了科技成果转移的能力。然而，专利授权数量的产出和科技服务经费的投入没有对商业化起到推动作用，可能是导致科技成果转化不够有效的关键所在。

高校科技成果转化综合效率提升的关键在于投入产出结构的优化配置，外部环境难以直接对其产生效用。经济发展和人力资本分别是成果化和商业化的外部驱动力，科技成果转化难以有效实现的核心并不在于政策不到位。为提升高校科技成果转化的综合效率，以优化投入产出结构为施政导向，将实现高校技术转移作为主要工作，不断增强高校的创新实力和影响力，面向市场需求开展创新研究工作。将科技成果商业化作为现阶段的主要发展目标，提升授权专利的质量，通过引入竞争机制合理配置中介服务经费的投入，将高技术产品的市场推广从高校科技管理工作中独立出来，利用技术转移中心和专业化科技中介不断扩大高校的科技成果转让合同规模以及增加合同价值。

5.3.2 不同类型高校成果转化效率的分阶段分析

对于高校科技成果转化工作而言，院校特色既是优势也容易成为阻碍。综合院校的优势在于其拥有比较全面的学科门类，便于开展跨学科的科研交流，为其开展科研创新以及成果转化带来了得天独厚的优势。理工院校是我国开展科技创新工作的主力军，该类型院校进行科技成果转化对于地区内经济发展和提升高校影响力具有重要的意义。

农业是我国国民经济的重要组成部分。农业院校具有农业知识密集、技术密集和人才密集的特点，是推动我国发展现代农业、做强农业经济的重要平台。因此，该类型院校的科技成果转化面临着巨大的挑战和机遇。党的十九大报告提出，要加快生态文明体制改革，建设美丽中国，这为林业院校加强科技创新和成果产出提供了契机，但林业作为传统基础产业和重要公益事业，其公共属性使创新成果的产业化受到了限制。

对于师范院校而言，教书育人是该类型院校的中心任务，这也使师范院校开展科技创新以及成果转化被视为"不务正业"。产学研合作机制不通畅、不健全是限制科技成果转化的因素之一，而师范类院校能够利用其教育优势助力各环节的完善。

信息科学和生命科学等现代科技的突飞猛进，为医药院校提升创新能力提供了内在驱动力。但是，由于医药科技自身存在转化难度大、时间长、成本投入大等特殊性，使其不同于其他类型的高校。政法类、财经类、民族类等院校特色限制了其在科技创新领域的发展，是补创新短板工作中需要优先考虑的一环。

在长江经济带高校群体科技转化效率多维度分析的基础上，本书基于

Tobit 模型进一步探究了高校群体科技成果转化效率异质性的潜在影响因素。下面阐述了不同阶段各类型院校的回归模型估计结果。

（1）综合阶段高校成果转化效率影响分析。表 5.3 的回归结果表明，人力资本显著负向影响了综合院校科技成果转化的综合效率。高校科技成果转让合同金额和当年实际收入均显著提高了综合院校的成果转化效率。对于理工院校而言，产业结构和人力资本等外部环境变量对科技成果转化的综合效率产生了显著的负向影响。与此相反，转让合同数量以及科技成果当年的实际收入对高校成果转化效率产生了显著的正向影响。在影响农业院校科技成果转化综合效率的因素中，外部环境变量仅有产业结构与其无直接关系，但人力资本和政府支持均显著降低了综合效率，经济发展则有助于提升农业院校的科技成果转化综合效率。研究与试验发展全时人员对农业院校成果转化效率的影响显著为负。发表学术论文数显著负向影响高校成果转化效率，其回归系数为-2.57，仅有发明专利授权数量能够在一定程度上正向影响农业院校的科技成果转化综合效率。

表 5.3 综合阶段高校科技成果转化效率影响

变量	回归系数						
	综合院校	理工院校	农业院校	林业院校	师范院校	医药院校	其他院校
indstr	1.12	-2.11**	1.72	4.71*	-2.42**	4.66***	-0.79
edu	-3.29**	-2.13**	-3.49*	-8.57***	4.34***	-2.58*	-1.12
gover	-1.08	6.23	-19.60***	-2.16	16.00***	6.64	9.39*
pergdp	7.81*	3.52	0.14***	5.58	-6.10	-2.20	5.57**
rdt	-0.95	-1.06	-6.90**	3.03	-3.26*	0.10	-8.75
rde	-0.10	0.09	0.74	-4.31	-0.93	-3.02***	4.25
rda	0.93	0.34	-18.40	-27.60	1.77	-71.70**	19.90
app	0.21	0.01	-2.57***	-5.04	1.85***	0.10	-1.78

续表

变量	回归系数						
	综合院校	理工院校	农业院校	林业院校	师范院校	医药院校	其他院校
pan	-0.75	0.23	-6.15	59.50	-0.95	3.25	-2.43
pgn	2.24	-0.72	11.80*	-15.80	-1.02	-5.37	5.65
ste	0.14	0.02	-1.44	-5.26	-1.12*	-1.37	-2.09
stn	-1.19	-2.31	6.51	-37.20	-9.07*	-0.30	-26.00**
cst	-2.47	8.78***	41.30	39.60	26.20	55.60	96.90*
ast	0.01*	0.01	0.14	-5.18	0.23	0.23***	1.43***
ist	0.01**	0.01***	0.26	0.12	0.05	0.12	0.19
_cons	1.20***	1.22***	1.55***	2.94***	-0.31	0.81***	0.53**
log-likelihood	-52.173	-34.41	-70.905	-56.33	-36.218	-62.139	-59.42
LR chi2 (15)	70.27	102.43	67	63.69	123.51	75.33	76.56
Prob>chi2	0.00	0.00	0.00	0.00	0.00	0.00	0.00
obs	110	110	110	110	110	110	110

注：***表示 $p<0.01$，**表示 $p<0.05$，*表示 $p<0.1$。

对于林业院校而言，在科技成果转化综合效率影响因素中，产业结构对其产生了正向影响，而人力资本的回归系数为负则表明其在该阶段并不利于相应效率的提升，且回归结果表明投入产出因素均未对综合效率产生显著的影响。因此，合理布局人力资本、进一步完善林业院校人才培养的体制机制，为林业创新型人才提供更好的发展环境，是林业院校助力区域创新发展过程中亟待解决的核心问题。

对于师范院校而言，在科技成果转化综合效率的影响因素中，外部环境变量中仅有经济发展没有对综合效率产生直接影响，但除另外两个指标为正外，产业结构显著对其产生了负向影响。而投入产出指标中也仅有高校发表学术论文数这一表征高校学术成果及学术影响力的指标正向影响了高校成果转化效率。高校研究与试验发展全时人员、科技服务经费以及高等学校科技活动机构数量等中介投入环节均对师范院校科技成果转化综合效率产生了一定程度的抑制作用。

对于医药院校而言，产业结构和高校科技成果转让合同金额均有助于科技成果转化效率的提升，但从劳动投入和资本投入方面来看，高校 R&D 成果应用及科技服务全时人员和高校研究与试验发展经费支出等初始环节的投入对综合效率的回归系数均显著，且其系数分别为-3.02 和-71.70，呈现负向影响，表明这些投入对于林业院校的科技成果转化过程而言均产生了冗余。

对于其他院校而言，政府支持以及经济发展能够显著正向影响科技成果转化的综合效率，而高等学校科技活动机构数量在 0.05 的置信水平下显著负向影响了其他院校科技成果转化效率，表明科技中介服务平台与其他院校的合作不够密切，忽视了这些院校在科技成果转化过程中同样重要的需求。

（2）成果化阶段高校成果转化效率影响分析。表 5.4 的回归结果表明，显著影响综合院校成果化效率的因素中，经济发展的回归系数为正，高校 R&D 成果应用及科技服务全时人员的影响为负。高校发明专利授权数则有正向影响，但高等学校科技活动机构数量和高校科技成果转让合同数对综合院校成果化阶段效率的回归系数分别为-61.30 和-6.59，表明这两个因素抑制了成果化效率。

表 5.4　成果化阶段高校科技成果转化效率影响因素回归结果

变量	回归系数						
	综合院校	理工院校	农业院校	林业院校	师范院校	医药院校	其他院校
indstr	0.70	−0.22	−1.25	18.60	−0.70	1.59	2.30
edu	−0.05	−3.04***	0.25	−12.50*	2.59	−1.04	4.53

续表

变量	回归系数						
	综合院校	理工院校	农业院校	林业院校	师范院校	医药院校	其他院校
gover	−2.82	3.02	−1.15	−57.20	10.70	9.60	−5.93
pergdp	10.40**	8.76**	1.39	21.40	5.12	−3.48	−5.10
rdt	0.26	−2.01**	−2.74	28.20	−844**	−0.04	−25.20*
rde	−52.00***	−43.80***	61.50	−6360.00	−608.00***	−96.00	−13.60
rda	−5.72	−3.85	−44.60*	−376.00	−12.50	−102.00***	−203.00*
app	0.34	0.83***	2.94***	−6.28	4.59***	0.48	2.51
pan	−0.33	1.36**	−6.80	107.00	7.63*	−3.65	64.40**
pgn	3.43**	−0.60	14.10	59.90	−5.25	10.50	−39.50*
ste	0.01	0.04	−0.10	21.50	−1.13	2.25	2.39
stn	−61.30***	−16.80	−158.00**	226.00	53.30	−97.30	−516.00**
cst	−6.59**	1.42	24.40	−5630.00	−21.50	−105.00*	93.70
ast	0.00	0.00	−0.07	9.40	0.97*	0.01	0.04
ist	0.03	0.02	0.18	214.00	−1.01	0.47***	−0.31
_cons	1.24***	1.64***	1.35***	4.53***	0.38	1.44***	0.54
log-likelihood	−14.77	−11.75	−25.96	−20.51	−31.94	−46.71	−56.27
LR chi2 (15)	54.40	68.64	43.45	37.11	57.42	30.44	25.27
Prob>chi2	0.00	0.00	0.00	0.00	0.00	0.01	0.05
obs	110	110	110	110	110	110	110

注: ***表示 $p<0.01$，**表示 $p<0.05$，*表示 $p<0.1$。

对于理工院校而言，回归系数为负的人力资本表明其抑制了理工院校科技成果转化的成果化产出效率，但经济发展有助于提升其效率。高校研究与试验发展全时人员、高校 R&D 成果应用及科技服务全时人员这两个创新的劳动投入变量对成果化效率的影响呈现负面效应。学术成果和高校发明专利申请数量等科技成果转化过程中的中间产出提升都有利于该阶段的效率优化。

针对农业院校的科技成果转化成果化阶段，外部环境变量均对成果化效率无影响，研究与试验发展经费支出这一资本投入对其产生了较为显著的负向影响，中介投入中的科技活动机构数量同样显著降低了成果化效率。仅有发表学术论文数这一成果产出方面的维度能够对成果化效率产生直接且正向的影响。

在林业院校的成果化阶段，仅人力资本对其有显著影响，但回归系数为负，说明人力资本对于林业院校而言，存在着结构不合理、布局不完善等阻碍创新的问题。

对于师范院校的成果化阶段而言，高校研究与试验发展全时人员以及高校 R&D 成果应用及科技服务全时人员两个因素均显著降低了成果化效率，而高校发表学术论文数、高校专利申请数以及高校科技成果转让合同金额则对其产生了正向影响。

影响医药院校成果化阶段效率的指标，并不包括外部环境变量的影响，而在投入产出指标中，高校研究与试验发展经费支出和高校科技成果转让合同数均对成果化效率产生了显著的负向影响，唯有高校科技成果当年实际收入的提升有助于改善医药院校的成果化阶段资源配置结构。

从其他院校类型来看，仅有高校专利申请数有助于提升这一类型院校的成果化效率，其他相关的具有显著性的因素均表现为负向影响。因此，相比于一些主要类型的院校而言，其他院校类型在成果化阶段的发展空间偏小，也表明需要在优化投入产出配置格局的基础上改善要素投入规模，减少科研要素的冗余性投入。

（3）商业化阶段高校成果转化效率影响分析。从表5.5来看，对于综合院校的商业化效率而言，人力资本和科技服务经费均对其产生了显著的负向影响，对商业化效率有促进作用的指标主要包括高校科技成果转让合同数和高校科技成果转让合同金额。

表 5.5　商业化阶段高校科技成果转化效率影响因素回归结果

变量	回归系数						
	综合院校	理工院校	农业院校	林业院校	师范院校	医药院校	其他院校
indstr	-0.72	-3.45***	2.80	3.40	-3.59***	3.78**	-1.23
edu	-3.96**	-1.07	-4.03	-8.13***	5.65***	-2.50	0.59
gover	1.36	9.71	-19.70***	8.17	16.50***	5.81	3.04
pergdp	3.62	2.62	13.80**	1.21	-8.86*	-1.79	5.37*
rdt	-0.65	-1.30*	-7.91*	-18.10	-1.90	0.36	-4.00
rde	6.98	23.70*	107.00	-1880.00	2.25	-270.00**	679.00
rda	4.82	4.01	-9.78	-22.80	3.37	-34.70	46.40
app	-0.19	-0.23	-3.63***	6.68	1.27	0.22	-4.30
pan	-0.68	0.10	-5.08	131.00**	-1.46	-0.11	-2.80
pgn	1.10	-1.44**	10.70	-73.70	-1.37	-2.76	3.17
ste	-0.34***	-0.05	-1.99**	-2.17	-0.94	-3.48	-2.54
stn	44.90	-5.04	73.30	-770.00**	-145.00***	-46.30	-360.00***
cst	29.40***	10.40***	36.80	2020.00	45.60	159.00***	265.00***
ast	0.02***	0.06***	0.31***	-15.50	0.16	0.29***	3.52***
ist	0.03	-0.01	0.20	19.20***	0.56*	0.00	-2.00
_cons	1.40***	1.14***	1.67***	3.02	-0.33	0.86***	0.41*
log-likelihood	-52.17	-34.12	-68.56	-46.48	-43.05	-59.38	-56.41
LR chi2 (15)	70.27	111.09	72.13	69.49	117.48	85.30	-56.41
Prob>chi2	0.00	0.00	0.00	0.00	0.00	0.00	0.00

注: ***表示 p<0.01, **表示 p<0.05, *表示 p<0.1。

对于理工院校，产业结构显著降低了其效率的提升，且作用程度最大。高校研究与试验发展全时人员对商业化效率有明显的负面性，但成果应用及科技服务全时人员的影响具有正向性。专利申请数量对于该类型院校在科技成果的商业化过程中有抑制作用，高校科技成果转让合同数以及高校科技成果转让合同金额等最终产出则能够有效改善商业化效率低下的局面。

从农业院校的商业化效率来看，外部环境变量对其影响和综合化效率的结果相一致，而投入产出要素对商业化效率的影响也和综合化效率相似。不同之处在于发明专利授权数量对于该阶段而言在 0.1 的置信水平下没有产生显著影响，但科技服务经费和高校科技成果转让合同金额分别对商业化效率产生了显著的负向和正向影响。

从林业院校来看，人力资本负向影响了林业院校的科技成果商业化效率。但不同于综合阶段以及成果化阶段，投入产出指标在商业化阶段中有部分指标对其产生了显著的影响。具体来看，高校发明专利申请数和高校科技成果当年实际收入等不同环节的产出指标促进了林业院校科技成果转化商业化效率，高等学校科技活动机构数量这个中介投入指标却产生了抑制作用。

外部环境变量均对师范院校的科技成果转化商业化效率产生了显著影响，其中产业结构和经济发展表征为负向作用，而人力资本以及政府支持则均有正向促进作用。高等学校科技活动机构数量对其影响显著为负，高校科技成果当年实际收入对其的回归系数则为正。

影响医药院校成果化阶段效率的指标中，医药院校的研究与试验发展经费支出不利于该阶段效率的提升，外部环境变量中的产业结构以及投入产出指标中的高校科技成果转让合同数、高校科技成果转让合同金额则均对医药院校提升商业化效率有显著的促进作用。

从其他院校类型来看，高校科技成果转让合同数和高校科技成果转让合同金额对于其他院校的成果化效率回归系数都为正，且在 0.1 的置信水平上显著。外部环境变量中经济发展水平也正向影响了其他院校类型的成果化阶段效率，但是高等学校科技活动机构数量则对其产生了负向影响。

5.4 稳健性检验

本书使用"OLS 模型+稳健标准误"方法对各类型高校在科技成果转化不同阶段的 Tobit 回归模型中所涉及变量的回归系数进行了重新估计,结果如表 5.6~表 5.9 所示。对比分析实证模型的结果可知,尽管由于模型估算方法不同导致回归系数和显著性程度存在一定程度的差别,但各指标的影响方向具有较高的一致性。综上所述,本书的研究结果具有较强的稳健性。

表 5.6 长江经济带高校科技成果转化效率回归稳健性检验结果

变量	E			E^1			E^2		
	Coef.	t	P	Coef.	Coef.	t	P	t	Coef.
indstr	0.91	1.32	0.19	−0.22	−1.05	0.30	1.09	0.53	0.60
edu	0.04	1.30	0.20	0.02**	2.58	0.01	0.02	0.10	0.92
gover	1.53	0.46	0.64	0.01	0.01	0.99	1.81	0.51	0.61
pergdp	−56.60	−0.60	0.55	−60.20**	−2.11	0.04	9.34	0.71	0.48
rdt	0.07	−0.26	0.80	0.30***	−3.68	0.00	0.20	0.62	0.54
rde	1.55	0.23	0.82	−2.98	−1.44	0.15	4.31	1.52	0.13
rda	1.04	1.34	0.19	−0.15	−0.64	0.52	1.22	−0.70	0.49
app	0.01	0.07	0.94	0.09***	3.00	0.00	−0.07	−0.93	0.36
pan	−0.18	−0.70	0.49	0.10	1.28	0.20	−0.25	0.85	0.40
pgn	0.22	0.62	0.54	−0.11	−1.08	0.28	0.31	−2.27	0.03
ste	−0.04**	−2.63	0.01	−0.01	−1.62	0.11	−0.04**	−0.17	0.86
stn	0.11	0.15	0.88	0.15	0.71	0.48	−0.13	2.37	0.02
cst	2.41**	2.16	0.03	−0.42	−1.23	0.22	2.72**	1.97	0.05
ast	0.01**	2.33	0.02	0.01	1.15	0.26	0.01*	1.17	0.25

续表

变量	E			E¹			E²		
	Coef.	t	P	Coef.	Coef.	t	P	t	Coef.
ist	0.01	1.25	0.22	0.01	0.53	0.60	0.01	1.66	0.10
_cons	0.32**	2.28	0.03	1.07***	25.19	0.00	0.24	0.53	0.60
RMSE	0.24			0.07			0.25		
R^2	0.58			0.31			0.59		
Prob>F	0.00			0.00			0.00		
obs	110			110			110		

注：*** 表示 $p<0.01$，** 表示 $p<0.05$，* 表示 $p<0.1$。

表 5.7 长江经济带高校科技成果转化效率——综合阶段回归稳健性检验结果

变量	综合院校	理工院校	农业院校	林业院校	师范院校	医药院校	其他院校
indstr	1.13	−0.80	1.31	2.05**	−1.55*	3.53***	−0.12
edu	−2.90***	−1.9**	−2.32*	−2.52**	3.20***	−1.54	−0.94
gover	−1.69	3.17	−10.70**	−1.28	9.26**	4.39	6.52
pergdp	2.13	3.73	6.30**	1.41	0.38	−1.95	3.61*
rdt	2.42	−0.84	−3.91	19.20***	−3.23**	0.24	−2.02
rde	−0.83	1.30	58.70	−55.40	−248.00**	−188.00**	310.00
rda	3.28	0.20	13.00	−30.60	2.60	−63.70**	10.10
app	2.68	0.01	−1.73**	−4.35**	1.95***	−0.47	−2.19
pan	0.10	0.05	−2.87	2.23	0.67	0.90	−1.85
pgn	−0.72	−0.16	7.19	−1.01	−1.32	−2.97	4.61
ste	1.31*	0.40	−1.50**	−2.74*	−0.73	2.55	−0.13
stn	−0.12	−11.40	4.20	−16.90**	−4.66	−0.29	−16.30*
cst	8.25	5.73***	0.16	46.70	46.10***	6.60	28.60
ast	0.01***	0.01*	0.13**	−0.51	0.03	0.05	0.74***
ist	0.01	0.02**	0.08	1.21	0.05	0.09	0.20
_cons	1.03***	1.02***	1.09***	1.20***	−0.22	0.47*	0.41**

续表

变量	综合院校	理工院校	农业院校	林业院校	师范院校	医药院校	其他院校
RMSE	0.29	0.25	0.35	0.33	0.27	0.35	0.32
R^2	0.40	0.55	0.40	0.45	0.60	0.38	0.47
Prob>F	0.00	0.00	0.00	0.00	0.00	0.00	0.00
obs	110	110	110	110	110	110	110

注：＊＊＊表示 p<0.01，＊＊表示 p<0.05，＊表示 p<0.1。

表5.8 长江经济带高校科技成果转化效率——成果化阶段回归稳健性检验结果

变量	综合院校	理工院校	农业院校	林业院校	师范院校	医药院校	其他院校
indstr	0.42	0.07	−0.37	1.38＊＊	−0.06	0.42	0.33
edu	−0.26	−1.05＊＊＊	−0.12	−1.33＊	0.57	−0.37	0.17
gover	−0.60	2.25	1.26	−2.27	1.30	2.67	2.21
pergdp	1.83＊＊	1.76＊＊	0.00	1.44	2.34	−0.93	−0.71
rdt	0.06	−0.53＊＊	−1.44	11.60＊＊＊	−1.95＊＊	−0.56	−6.71
rde	−11.50＊＊＊	−12.20＊＊＊	21.40	−119.00	−163.00＊＊	−6.90	138.00
rda	−0.76	−2.03＊＊	−3.14	−1.60	−14.30＊＊	−42.20＊＊＊	−32.60
app	0.06	0.24＊＊＊	0.82＊＊＊	−3.18＊＊	1.42＊＊＊	0.10	0.94
pan	0.08	0.30＊＊	−0.77	0.69	0.77	−1.26	1.28
pgn	0.65＊	−0.24	1.21	2.63	−0.61	3.43	1.74
ste	−0.01	0.03	−0.33	0.26	−0.02	1.52＊	−0.19
stn	−13.10＊＊	−2.74＊	−45.00＊＊＊	−124.00＊＊	26.00	−32.30	−20.40
cst	−1.05	−0.25	−0.38	−20.80	6.35	−3.20	18.90
ast	0.00	0.00＊	0.02	−0.72	0.06	−0.01	0.03
ist	0.00	0.01＊	0.01	1.10	−0.07	0.06	−0.05
_cons	1.00＊＊＊	1.12＊＊＊	1.02＊＊＊	1.12＊＊＊	0.63＊＊＊	1.04＊＊＊	0.79＊
RMSE	0.09	0.10	0.12	0.21	0.16	0.19	0.24

续表

变量	综合院校	理工院校	农业院校	林业院校	师范院校	医药院校	其他院校
R^2	0.28	0.34	0.33	0.20	0.37	0.21	0.10
Prob>F	0.00	0.00	0.00	0.09	0.00	0.06	0.76
obs	110	110	110	110	110	110	110

注：＊＊＊表示 $p<0.01$，＊＊表示 $p<0.05$，＊表示 $p<0.1$。

表5.9 长江经济带高校科技成果转化效率——商业化阶段回归稳健性检验结果

变量	综合院校	理工院校	农业院校	林业院校	师范院校	医药院校	其他院校
indstr	0.88	-0.77	1.56	1.15	-1.79＊＊	3.76＊＊＊	-0.60
edu	-3.03＊＊＊	-1.43	-2.33＊	-1.40	3.37＊＊＊	-1.54	0.01
gover	3.15	3.14	-10.70＊＊	1.46	10.20＊＊	2.61	3.62
pergdp	1.22	2.73	6.27＊＊	-23.90	-76.20	-1.60	4.09＊
rdt	-93.90	-72.40	-3.66	156.00＊＊＊	-2.36	56.70	3.69
rde	12.30	7.11	48.30	9.76	-210.00＊	-200.00＊＊	278.00
rda	3.37	1.11	14.60	-25.40	6.59	-32.30	31.30
app	0.05	-0.11	-2.05＊＊＊	-3.88＊＊	1.50＊＊	0.64	-2.38
pan	-0.80	-0.07	-2.43	1.84	0.58	0.51	-2.31
pgn	0.85	-0.18	6.61	-1.75	-1.53	-4.17	4.03
ste	-0.12＊	0.04	-1.37＊＊	-3.09＊＊	-0.56	1.46	-1.75
stn	20.10	-7.50	63.50	-146.00＊＊	-71.70＊	-5.37	-195.00＊
cst	4.61＊	6.37＊＊＊	-0.46	61.50	48.50＊＊＊	7.80	17.40
ast	0.01＊＊＊	0.01＊＊	0.13＊＊	-0.33	0.00	0.06	0.73＊＊＊
ist	0.01	0.01	0.08	0.96	0.10	0.06	0.26
_cons	1.08＊＊＊	0.95＊＊＊	1.08＊＊＊	1.06＊＊＊	-0.16	0.41＊	0.28
RMSE	0.29	0.26	0.36	0.30	0.29	0.35	0.33
R^2	0.40	0.53	0.39	0.48	0.57	0.39	0.47
Prob>F	0.00	0.00	0.00	0.00	0.00	0.00	0.00
obs	110	110	110	110	110	110	110

注：＊＊＊表示 $p<0.01$，＊＊表示 $p<0.05$，＊表示 $p<0.1$。

5.5 本章小结

本章将高校科技成果转化过程分解为成果化和商业化两个阶段,并在对长江经济带高校进行两阶段转化效率测度的基础上,建立了包括影响科技成果转化效率的内部投入产出结构要素和外部经济社会发展要素等体系,利用有截断的 Tobit 模型回归探索了各阶段效率的关键影响因素,同时将高校细分为七大类型,分别探究了各类型高校在不同阶段影响其效率的关键因素,得出了以下两个研究结论。

(1) 从长江经济带整个高校群体来看,高校科技成果转让合同数和高校科技成果转让合同金额对综合效率有显著的促进作用,科技服务经费与高校综合效率显著负相关。

在成果化产出阶段,人均 GDP 对其效率的影响显著为正,高校研究与试验发展全时人员和高校 R&D 成果应用及科技服务全时人员对其的影响系数显著为负。高校发表学术论文数量及发明专利申请数量显著正向影响成果化效率,但发明专利授权数量为负向影响,高校科技成果转让合同数在该阶段对成果化效率产生了负向影响。

在商业化产出阶段,人力资本、劳动投入和科技成果合同收入对商业化效率有显著促进作用,专利授权数量和科技服务经费则不能有效提升该阶段效率。

根据第 4 章研究的结果,高校科技成果转化的问题主要在于商业化阶段,因此长江经济带应当从提升高校科技成果转化的商业化效率着手,区域协同共建加大人才引进力度和实施人才落户优惠方案，平衡人才在整个经济带的分布，加快高科技产业园的布局和建设，同时为科研人员提供良好的工作环境和工作平台，进一步提升高校研究与试验发展全时人员水平的同时，也要关注高校 R&D 成果应用及科技服务全时人员的水平。同时还需要健全跨区域的科技服务交易市场，完善交易市场服务体系，推动科技合同转移转化的进程。由于专利授权数量和科技服务经费抑制了整个长江经济带科技成果转化的商业化效率的提升，因此在区域发展的宏观战略制定中，需要格外关注和管理专利授权数量，避免低水平无应用价值的创新成果耗费大量人力物力获得专利授权。同时科技服务经费的投入、使用也需要进行体制机制改革，给经费使用更大的流动和创新空间。

（2）分类型高校回归分析结果表明，各类型高校由于其属性特色以及学科门类差异，影响因素也不尽相同。驱动科技成果转化综合效率的要素中，显著正向影响综合院校效率的指标有地区经济发展、高校科技成果转让合同金额和当年实际收入；显著正向影响理工院校效率的指标有高校科技成果转让合同金额和当年实际收入；显著正向影响农业院校效率的指标有经济发展和发明专利授权数量；显著正向影响林业院校效率的指标有产业结构；显著正向影响医药院校效率的指标有产业结构和高校科技成果转让合同金额；显著正向影响师范院校效率的指标有人力资本、政府支持和高校发表学术论文数量；显著正向影响其他院校的指标则为政府支持、经济发展、高校科技成果转让合同数和高校科技成果转让合同金额。

驱动科技成果转化成果化效率的要素中，显著正向影响综合院校效率的指标有经济发展和高校发明专利授权数；显著正向影响理工院校效率的指标有经济发展、学术论文发表数量以及高校发明专利申请数量；显著正向影响农业院校效率的指标有发表学术论文数量；显著正向影响林业院校效率的指标有产业结构；显著正向影响医药院校效率的指标有高校科技成果当年实际收入；显著正向影响师范院校效率的指标有高校科技成果转让合同金额和高校发表学术论文数量；显著正向影响其他院校的指标则为高校发明专利申请数量。

驱动科技成果转化商业化效率的要素中，显著正向影响综合院校效率的指标有高校科技成果转让合同数和高校科技成果转让合同金额；显著正向影响理工院校效率的指标有高校科技成果应用及科技服务全时人员、高校科技成果转让合同数及高校科技成果转让合同金额；显著正向影响农业院校效率的指标有经济发展和高校科技成果转让合同金额；显著正向影响林业院校效率的指标有高校发明专利申请数和高校科技成果当年实际收入；显著正向影响医药院校效率的指标有产业结构、高校科技成果转让合同数和高校科技成果转让合同金额；显著正向影响师范院校效率的指标有人力资本、政府支持以及高校科技成果当年实际收入；显著正向影响其他院校的指标则为经济发展、高校科技成果转让合同数和高校科技成果转让合同金额。

可以看到，在科技成果转化的不同阶段，对不同高校而言其效率的影响因素均不相同且没有共性，甚至科技成果转化综合阶段的影响因素及与其效率低下有直接关联的商业化阶段的影响因素也不完全相同，说明高校类型差异会对区域内科技成果转化产生直接影响。在提升区域科技成果转化的过程中，不仅需要制定区域协同的顶层战略，同时也要精准识别施力的阶段所在，还应当针对具体的高校类型分别采取对应的措施。如由于其他类型高校在长江经济带高校科技成果转化中的表现，成为整个地区在提升创新能力进程中的短板。对于其他类型高校提升其科技成果转化效率而言，如果其想要直接提升综合效率，则应当从政府支持、经济发展、高校科技成果转让合同数和高校科技成果转让合同金额等方面入手。而如果其想要打好基础，理顺创新价值链上科技成果转化的薄弱环节，则应当从商业化阶段着手。可以看到，对于其他类型院校而言，综合阶段的影响因素和商业化阶段的影响因素仅为有无政府支持的差别，这说明提升其他类型院校商业化阶段的效率，并不需要在政府支持方面进行过多的投入，以免增加无效投入而降低效率。

6　长江经济带高校科技成果转化效率空间效应分析

党的十八大以来，随着中国特色自主创新战略、创新驱动发展战略的不断深入，我国科技事业快速发展、科技体制改革不断深化，作为引领科技创新战略的先锋，高校逐渐成为各区域加快企业转型升级的重心。近年来，我国不断增加对高校科技创新资源的投入，根据国家统计局公开数据，我国高校 R&D 政府投入经费 2010 年为 358.84 亿元，2019 年提高到 1048.53 亿元，年均增长率达到 12.65%。科技成果得益于政府投入获得了较快的增长，但高校科技成果商业化情况不是很好。由于不同区域、不同类型的高校科技成果转化效率不同，高校科技创新系统内资源配置方向和发展模式的转型路径也有所区别。因此，我们需要关注地区经济发展中存在的明显且复杂的差异，努力缩小地区差异，协调区域平衡发展。从高校科技成果转化的空间扩散视角，深入分析高校科技成果转化的空间特征，进一步为区域协调发展战略提供空间上的理论支撑。

针对上述问题，本章将从两个方面进行解答。①测度高校科技成果转化效率的空间集聚效应，用 Moran's I 分析是否存在空间自相关。②解决长江经济带高校科技成果转化是否存在溢出问题（扩散效应的评估），一个地区的发展是否会对其他地区产生影响。

从时空角度看，高校科技成果转化效率特征包括发散性特征和集聚特征。由于高校科技成果转化政策作用差异以及地区、不同类型高校资源禀赋有一定差异，故科技成果转化效率可能会呈现区域化的特点。各地区间高校并不是独立存在并进行研发的，高校科技创新成果具有正的外部性，故区域位置相近的高校之间会发生一定的联系，邻近地区和创新资源禀赋条件相近的高校在科技成果转化效率水平上也会存在空间收敛性。基于以上分析，文书在总结和梳理现有研究进展的情况下，从两个方面进行研究和拓展：①分析长江经济带各地区、各类型高校科技成果转化效率的空间集聚效应，基于空间计量分析方法探究长江经济带高校群体在空间上存在的规律。②从空间外溢性和空间依赖性的角度分析高校科技成果转化效率潜在的空间关系。虽然目前整理的文献一部分关注了高校科技成果转化溢出性的科学问题，但这些文献忽略了不同阶段高校科技成果转化的内部特征和运行机制。这种研究视角的限制会导致对科技成果空间外溢的忽视，尤其是每个科技成果转化阶段的空间外溢性都可能存在差异。综上所述，本书应用 Moran's I 来检验各个阶段各地区高校科技成果转化效率的空间相关性，在此基础上将空间效应纳入高校科技成果转化效率的外溢性研究之中，并进行对比分析考虑空间效应影响和不考虑空间效应影响下高校科技成果转化效率的外溢性特征差异。为更好地从区域的资源禀赋层面反映长江经济带各地区高校科技成果转化效率外溢性的差异，本章将不同地区的信息化水平、劳动者文化水平等因素纳入了研究范围。

6.1 研 究 方 法

6.1.1 空间相关性检验

Tobler（1979）认为"任何事物之间都是相关的，距离较近的事物相关性更强，距离较远的事物相关性较弱"，他提出的"地理学第一定律"开创了空间研究的先河。空间相关性是满足该定律的。各个变量间的关系不仅受制于变量本身，同时也受制于地理空间距离的约束。Tobler 根据事物在地理属性上的相关特征将事物地理空间分布分为集聚（Clustering）、随机（Random）、规则（Regularity）三种情况。

学者对经济社会发展中空间关系的关注越来越多，空间视角为相关研究提供了新的方向，也对建立传统计量模型构成了挑战。空间依赖性和空间相关性的存在为我们的研究提供了新的思路。很多经济社会问题本身存在空间关系，如技术创新的外溢、环境规制的邻域效应或者经济发展的红利溢出等。

空间自相关（Spatial Autocorrelation）是指位于不同空间位置的地理因素同一属性值的相关性，是空间单元属性值聚集程度的一种度量。空间自相关主要用于探究同一属性空间关联程度的总体分布特征，目前研究中多用全局 Moran's I、全局 G 指数等指标衡量空间自相关，考虑到在研究区域空间集聚时，全局 Moran 指数比全局 G 指数更可靠，本章基于全局 Moran's I 检验指标间潜在的空间相关性，公式如式（6.1）所示：

$$I = \frac{n \sum\limits_{i=1}^{n} \sum\limits_{j=1}^{n} w_{ij}(x_i - \bar{x})(x_j - \bar{x})}{(\sum\limits_{i=1}^{n} \sum\limits_{j=1}^{n} w_{ij})(x_i - \bar{x})} \tag{6.1}$$

式（6.1）中，n 为地区数；$\bar{x} = \frac{1}{n} \sum\limits_{i=1}^{n} x_i$ 表示地区 i 的观测值；w 为空间权重矩阵，以邻近空间矩阵为例，当 i 地区和 j 地区接壤时，w_{ij} 取值为1，否则为0。Moran's I 的结果在-1～1。从-1到1代表着空间相关性从负相关到正相关，同时，I 的绝对值趋近于0，则表明区域内不存在空间上的相互作用。

零假设检验结果为标准化后的 Moran's I 值，如式（6.2）所示。

$$Z_I = \frac{I - E(I)}{\sqrt{Var(I)}} \tag{6.2}$$

在模型的统计推断前，通常会对变量 x 的分布做出预假设。Moran's I 的期望值和方差经常基于正态分布或者随机分布两种假设，并据此计算出 Z_I 统计量，用来作为接受还是拒绝零假设的依据。

正态分布假设下，Moran's I 的期望值和方差由式（6.3）给出：

$$E_n(I) = -\frac{1}{n-1}$$

$$Var_n(I) = \frac{n^2 S_1 - n S_2 + 3 S_0^2}{S_0^2(n^2-1)} - E_n^2(I) \tag{6.3}$$

随机分布假设下，Moran's I 的期望值和方差由公式（6.4）给出：

$$E_R(I) = -\frac{1}{n-1}$$

$$Var_R(I) = \frac{n[(n^2-3n+3)S_1 - n S_2 + 3 S_0^2] - b_2[(n^2-n)S_1 - 2n S_2 + 6 S_0^2]}{S_0^2(n-1)(n-2)(n-3)} - E_R^2(I) \tag{6.4}$$

式（6.4）中：

$$S_0 = \sum_{i=1}^{n} \sum_{j=1}^{n} w_{ij}$$

$$S_1 = 1/2 \sum_{i=1}^{n} \sum_{j=1}^{n} \left(w_{ij} + w_{ji} \right)^2$$

$$S_2 = \left(w_{ij} + w_{ji} \right)^2$$

$$w_i = \sum_{j=1}^{n} w_{ij}$$

$$b_2 = \frac{n \sum_{i=1}^{n} \left(x_i - \bar{x} \right)^4}{\left(\sum_{i=1}^{n} \left(x_i - \bar{x} \right)^2 \right)^2}$$

6.1.2　空间计量模型

空间计量模型是一种研究空间地理分布对经济活动影响的理论模型，包括传统经济学指标以及空间因子（空间距离）指标。Anselin 认为空间相关性主要表现在两个方面：①空间误差模型（Spatial Error Model，SEM），是因变量由于样本测量时所产生的误差而产生的空间依赖；②空间滞后模型（Spatial Lag Model，SLM），误差项因相邻地区空间相互影响的客观存在而在空间上显示的相关性。

空间面板模型被用于检验高校成果转化活动在不同环节中的潜在的空间外溢效应。为了提高模型的稳健性，在不同空间权重上检验了潜在的外溢效应。构建不同阶段科技成果转化效率外溢效应的驱动因素空间面板模型，首先要确定解释变量，其次对模型进行选择。

（1）空间滞后模型（Spatial Lag Model，SLM）。空间滞后模型假设本地区因变量变化不仅受外生给定变量影响，还直接受邻近地区因变量的影响。本书引入了因变量空间滞后项，从而将本地区因变量变化与邻近地区因变量变化联系起来，这种模型设置可以解释因变量之间由于空间扩散或溢出等而形成的空间依赖关系，式（6.5）展示了模式设置：

$$y_{it} = \rho W y_{it} + \beta X_{it} + \varepsilon_{it} \tag{6.5}$$

式（6.5）中，y_{it} 为第 i 个省份第 t 年因变量组成的矩阵；ρ 为空间自回归系数，反映邻近地区因变量对本地区因变量的影响；X_{it} 为第 i 个省市区第 t 年自变量组成的矩阵；W 为空间权重矩阵；ε 为残差。

（2）空间误差模型（Spatial Error Model，SEM）。当邻近地区因变量对本地区因变量影响不够直接且这种影响存在于误差项中时，需采用空间误差模型进行估计，通过将误差项设为某种空间过程形式，度量邻近地区因变量误差冲击对本地区因变量的影响，其表达式为：

$$y_{it} = \beta X_{it} + \mu_{it} \tag{6.6}$$

其中，$\mu_{it} = \lambda W \mu_{it} + \varepsilon_{it}$。

式（6.6）中，μ_{it} 和 ε_{it} 为误差扰动项向量，λ 为空间误差自相关系数，反映了邻近地区因变量对本地区因变量的影响作用强度。

（3）空间杜宾模型（Spatial Durbin Model，SDM）。空间杜宾模型将空间滞后和空间误差进行融合，因此模型中既包括因变量空间滞后项，又包括自变量空间滞后项，可缓解 SLM 模型或 SEM 模型中的变量遗漏问题，将空间因素的影响作用具体化，其表达式为：

$$y_{it} = \rho W y_{it} + \beta X_{it} + \varphi W X_t + \mu_i + v_t + \varepsilon_{it} \tag{6.7}$$

式（6.7）中，φ 为解释变量空间滞后项的系数，μ_i 和 v_t 分别为空间效应和时间效应，ε_{it} 为与时间、空间均无关的随机扰动项，空间滞后模型或空间误差模型可以理解为空间杜宾模型的特殊化。

6.2 指标选取与变量定义

本章基于长江经济带 11 个省份科技成果转化方面的相关数据测度高校科技成果转化的空间效应，数据取自《中国统计年鉴》、各省份的统计年鉴以及《高等学校科技统计资料汇编》等。其中，不同阶段的创新效率数据来自第 4 章的计算结果，而计算空间影响的控制变量为前文中使用的影响效率的外部因素。

在测度高校科技成果转化效率的外溢效应时，需要先确定使用的空间权重矩阵，而空间权重矩阵的选择不同，结果也可能产生一定的差异。距离相近的空间决策单元更有可能形成聚集效应从而推动要素投入的规模收益递增，而这个距离狭义上指的是地理上的距离，广义上也可以包括经济、文化等虚拟距离。根据空间相关性和依赖性假设的差异，空间权重矩阵可以分为邻接权重矩阵、反距离权重矩阵、经济权重矩阵等。地理上的距离是设置空间相关权重矩阵的起点，也是检验空间相关效应过程中最先考虑的物理因素。但除此之外，区域内各决策单元的经济发展状况、社会发展状态等因素也会使空间内各单元间产生交互性的影响，因此还可以从经济属性的角度进行空间权重矩阵的设定。本章综合考虑了地理因素、经济因素差异等方面，采用了邻近空间权重矩阵、地理空间权重矩阵和经济距离矩阵三个不同的矩阵。

邻近空间权重矩阵指的是任意两个不同省份之间如果有至少一点或者省界的相接，则该权重值为 1，否则为 0；对于邻近空间权重矩阵，本章采用的计算方式是通过各省份之间的地理坐标差异计算得出。邻近空间权重矩阵、地理空间权重矩阵的计算均通过将长江经济带的地图文件导入 Geoda 软件生成。而相比于可感知的物理距离来说，经济距离矩阵则是一个广义概念上刻画不同区域经济差距的虚拟距离矩阵，具体的计算方式为：

$$W_{ij} = 1 - \left| \frac{GDP_i - GDP_j}{GDP_i + GDP_j} \right| \tag{6.8}$$

式（6.8）中，GDP_i 指的是 i 省份的区域生产总值，用以表征各省份的经济发展水平。式（6.8）表明，如果两个省份的经济差距越小，则两者之间的空间权重系数更大，也就是两者之间更容易产生空间上的交互效应。

6.3　研究结果

6.3.1　空间相关性分析

空间相关性检验是空间计量分析的前置环节。Moran's I 被用于测算高校科技成果转化效率在不同阶段的空间相关性程度。本节的研究采用的是邻近空间矩阵，即考虑区域内各省份之间相邻则可能产生相关性。从所有高校以及分具体高校来看，长江经济带高校科技成果转化不同阶段效率的 Moran's I 如图 6.1~图 6.3 所示，显著性检验的结果则如表 6.1 所示。显著性检验的结果表明观测期内，各类型高校并非在所有年份均能够通过显著性检验，但显而易见其在科技成果转化的不同阶段均存在一定的显著性。也就是说，各类型高校的科技成果转化过程在空间上是存在相关性的。

图 6.1 结果显示，样本研究期内高校科技成果转化综合阶段效率的 Moran's I 长期为正，仅在 2017 年以及 2019 年为较低程度的负相关。而从两个

细分阶段来看，成果化阶段效率的 Moran's I 与综合阶段效率的结果基本一致，商业化阶段与综合阶段的差异也仅体现为在 2010 年有较强的负相关。这表明不同省份之间科技成果转化的不同阶段效率均基本呈现为正向的空间相关性，且正相关程度在 2016 年达到最高。

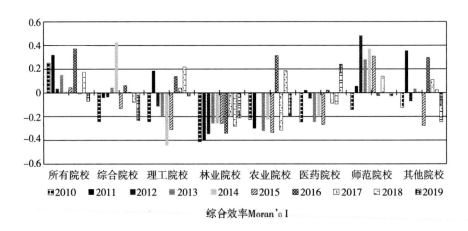

图 6.1　2010~2019 年长江经济带高校科技成果转化综合效率空间自相关分析结果

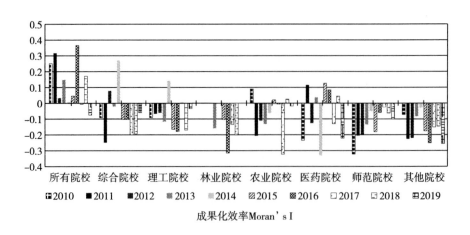

图 6.2　2010~2019 年长江经济带高校科技成果转化

成果化效率空间自相关分析结果

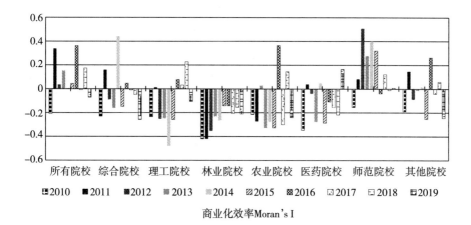

商业化效率Moran's I

图6.3 2010~2019年长江经济带高校科技成果转化商业化效率空间自相关分析结果

表6.1 不同阶段各类型高校 Moran's I 计算及显著性结果

年份	2010	2011	2012	2013	2014	2015	2016	2017	2018	2019
综合化阶段										
所有院校	0.25*	0.32**	0.03	0.15*	0.01	0.04	0.37**	-0.00	0.17*	-0.06
综合院校	-0.24	-0.04	-0.03	0.04	0.42***	-0.13	0.06	0.00	-0.08	-0.23
理工院校	-0.24	0.18*	-0.11	-0.19	-0.44**	-0.31	0.13	0.03	0.21*	-0.03
林业院校	-0.41***	-0.39***	-0.35***	-0.25	-0.25	-0.25*	-0.34***	-0.20*	-0.28	-0.21
农业院校	-0.21	-0.29	0.00	-0.32	-0.22	-0.33*	0.31**	-0.31	0.19*	-0.20
医药院校	-0.24	0.02	-0.04	-0.24	-0.19	-0.26	0.02	-0.08	-0.09	0.24*
师范院校	-0.14	0.05	0.48***	0.28**	0.37**	0.31**	-0.02	0.14	-0.00	-0.02
其他院校	-0.12	0.35**	-0.07	0.03	0.01	-0.28	0.30**	0.11	0.02	-0.25
成果化阶段										
所有院校	0.25*	0.32**	0.03	0.15*	0.01	0.04	0.37**	-0.00	0.17*	-0.06
综合院校	-0.08	-0.24*	0.08	-0.01	0.27**	-0.10	-0.10	-0.19	-0.19	-0.05
理工院校	-0.08	-0.06	-0.05	-0.11	0.14*	-0.16	-0.17	0.00***	-0.16	-0.03
林业院校	0.00***	0.00***	0.00***	-0.15	0.00***	-0.10	-0.31**	-0.13	-0.20	-0.01***
农业院校	0.09	-0.20	-0.10	-0.13	-0.05***	0.02	-0.00	-0.32**	0.03*	-0.01
医药院校	-0.23	0.12*	-0.12	0.04	-0.33	0.13**	0.09**	-0.12	0.05	-0.21
师范院校	-0.32*	-0.20	-0.19	-0.13***	-0.04	-0.17	-0.05	-0.02	-0.05	-0.09
其他院校	-0.06	-0.22*	-0.21	-0.07	-0.02	-0.17	-0.24	-0.15	-0.14***	-0.25

续表

年份	2010	2011	2012	2013	2014	2015	2016	2017	2018	2019
商业化阶段										
所有院校	-0.20	0.34	0.03	0.15	0.01	0.04	0.37**	-0.01	0.17*	-0.06
综合院校	-0.22	0.16	-0.08	-0.15	0.45**	-0.14	0.05	-0.01	-0.04	-0.25*
理工院校	-0.22	0.01	-0.24	-0.24	-0.47	-0.25	0.08	0.03	0.23*	-0.10
林业院校	-0.41**	-0.41**	-0.35**	-0.22**	-0.25	-0.13	-0.13***	-0.20**	-0.15	-0.21
农业院校	-0.20	-0.26	0.03	-0.32	-0.27	-0.32	0.37**	-0.29	0.15*	-0.23
医药院校	-0.34*	0.04	-0.03	-0.27	0.05	-0.28	-0.10	-0.14	-0.21	0.17*
师范院校	-0.14	0.08	0.51***	0.28*	0.40**	0.32	-0.03	0.13	-0.01	0.01
其他院校	-0.18	0.15	-0.08	-0.01	0.02	-0.24	0.27*	-0.03	0.06	-0.24

注: *** 表示 $p<0.01$, ** 表示 $p<0.05$, * 表示 $p<0.1$。

从院校的具体类型来看，各省份不同院校之间的空间相关性存在很大的差异。具体表现为，从综合效率来看，林业院校长期表现为负相关，但相关性在持续减弱，仅师范院校的效率为逐渐弱化的正相关，理工院校虽然在2012~2015 年呈现出逐渐增长的负相关，但是 2016~2018 年则表现为正相关。而在成果化阶段，虽然整体来看呈现出正相关，但仅有综合院校在 2014年表现为较高的正向相关性，其余各类型院校则主要为负相关。商业化效率的 Moran's I 则表明，各省份的师范院校在该阶段的正向影响对于推动区域科技成果转化效率较为重要，除此之外的各类型院校均存在长期且较弱的负向影响。可能的原因在于不同省份之间存在比较密切的跨院校类型合作，但是不同类型院校则存在一定的竞争，使得区域内的高校科技成果转化效率难以实现合作共赢和相互促进。

总体而言，长江经济带高校的科技成果转化效率呈现出一定的空间相关性，但该效应近年来有所弱化，说明长江经济带。需要进一步加强各省份之间尤其是各类型高校之间在科技成果产出和市场化方面的协同合作，从而为区域一体化提供助力。而不同阶段效率的空间相关性对各省份科技成果转化的效率影响程度，则需要进一步的测度。

6.3.2 空间效应分析

上文的实证分析已经验证了区域内各决策单元在高校科技成果转化方面存在空间相关性，接下来的工作是对空间交互效应进行检验。

根据上文的理论模型设定，本书从成果化产出效率和商业化产出效率两个方面分析潜在的空间效应。由于各个变量之间的空间相关关系并不明确，为了确保计量结果的准确性，惯常的做法是通过构建一些判别准则，从而筛选出符合客观实际的空间模型。

空间自回归模型（空间滞后模型）与时间序列中常用的自回归模型具有相似性，需要同时考虑固定、随机以及混合效应，而固定效应则又可以从时间维度和个体维度进行考量，即时间固定、个体固定和时间个体双固定。

至于如何选择合适的模型，是探究长江经济带高校科技成果转化效率的空间外溢影响的关键，因此应遵循科学合理的原则，研究主要从以下三步对模型进行筛选和实证分析。第一步，确定是固定效应还是随机效应，常见的方法是首先通过 Hausman 检验，先进行随机效应估计并做检验，检验结果如果拒绝零假设则表明采用固定效应是可行的，反之则表明需要采取随机效应。第二步，选择空间回归模型。我们先选择空间杜宾模型，并检验该模型是否会退化成空间误差模型或者空间自回归模型，如果经检验发现其结果显著拒绝了以上假设，则表明选择空间杜宾模型是合理的。在前两步的基础上可以识别出是否选择固定效应的空间杜宾模型，如果表明选择该模型是合理的，仍旧需要明确固定效应的类型。第三步，通过利用似然比来确定固定效应的类型，如果时间固定效应或者个体固定效应下的似然比均比较显著，则表明应选择时点个体双固定效应，否则应根据呈现显著性的维度确定效应类型。一般而言，如果研究样本是随机选择的，则随机效应会比固定效应更为有效，而当样本的选择比较固定时，则选择固定效应更为恰当。由于本书的研究对象是长江经济带的 11 个省份，固定效应相对而言更为合适，检验结果也更符合模型的预期。

同时，从表 6.2 中可以看出，空间杜宾模型仅在随机效应模型中表现为部分不显著，固定效应模型的 SDM→SAR 和 SDM→SEM 的系数均在 10% 的水平上显著。检验结果表明需要接受零假设，即固定效应的空间杜宾模型不会退化为空间自回归模型和空间误差模型，因此选择空间杜宾模型是合理的。从固定效应的选择来看（见表 6.3），似然比的结果表明不同权重下各阶段均基本满足在 10% 的水平上显著，这说明既要考虑时间上的异质性，也要考虑个体上的异质性，因此需要同时将时间固定效应和个体固定效应纳入。基于以上分析，本书选择时点个体双固定的空间杜宾模型。其他模型的检验过程均和以上过程相一致，因此本部分不再赘述。为保证模型的稳健性，本书选择邻近空间权重矩阵、地理空间权重矩阵以及经济空间权重矩阵进行对比分析。

本书选择时点个体双固定效应的空间杜宾模型实证检验长江经济带高校科技成果转化的空间关系，表 6.4 ~ 表 6.11 为不同类型院校的模型估计结果。经检验，模型的拟合优度均较优（具体见表中的 R^2 值），表明模型能够用于该实证过程。

从表 6.1 结果来看，对于长江经济带而言，高校科技成果转化效率的影响表现为显著负向的外溢效应。结合上文的相关性分析可以进一步得出结论，长江经济带的高校科技成果转化存在较低但是非常显著的空间外溢效应。然

表6.2 三种权重下空间杜宾模型回归结果

系数	综合阶段 邻近空间权重矩阵 FE	RE	综合阶段 地理空间权重矩阵 FE	RE	综合阶段 经济空间权重矩阵 FE	RE	成果化阶段 邻近空间权重矩阵 FE	RE	成果化阶段 地理空间权重矩阵 FE	RE	成果化阶段 经济空间权重矩阵 FE	RE	商业化阶段 邻近空间权重矩阵 FE	RE	商业化阶段 地理空间权重矩阵 FE	RE	商业化阶段 经济空间权重矩阵 FE	RE
indstr	-0.93 (-1.19)	1.20 (-1.26)	-0.51 (-1.21)	2.57** (-1.28)	-1.43 (-1.30)	1.22 (-1.16)	-0.56 (-0.50)	0.30 (-0.27)	-0.02 (-0.50)	0.18 (-0.29)	-0.21 (-0.49)	0.36 (-0.24)	-0.24 (-1.23)	1.01 (-1.27)	-0.63 (-1.22)	2.44* (-1.27)	-1.24 (-1.29)	0.95 (-1.15)
gover	-22.30*** (-7.26)	-6.55 (-5.73)	-7.94 (-7.44)	3.56 (-4.45)	-14.2* (-7.79)	2.76 (-4.19)	-0.66 (-3.01)	-1.24 (-1.52)	0.58 (-3.05)	0.025 (-1.35)	0.51 (-2.92)	0.58 (-1.11)	-23.09*** (-7.48)	-5.13 (-5.84)	-9.08 (-7.48)	4.29 (-4.50)	-15.30** (-7.70)	2.51 (-4.31)
pergdp	-4.09** (0.00)	-1.74 (0.00)	-6.34*** (0.00)	-2.88** (0.00)	-3.48 (0.00)	-2.86** (0.00)	-0.42 (0.00)	-0.22 (0.00)	-0.96 (0.00)	-0.21 (0.00)	-0.72 (0.00)	-0.66** (0.00)	-4.57** (0.00)	-1.71 (0.00)	-5.85** (0.00)	-2.87** (0.00)	-3.57 (0.00)	-2.63** (0.00)
edu	-1.55* (0.00)	2.78 (0.00)	-1.62** (0.00)	2.41 (0.00)	-1.40 (0.00)	5.45** (0.00)	1.89 (0.00)	-5.37 (0.00)	-1.02 (0.00)	4.72 (0.00)	-1.38 (0.00)	3.73 (0.00)	-1.93** (0.00)	3.04 (0.00)	-1.69** (0.00)	-2.37 (0.00)	-1.44** (0.00)	5.51** (0.00)
Cons.		1.16*** (-0.36)		0.60 (-0.50)		-4.12** (-1.72)		1.15*** (-0.16)		0.58*** (-0.19)		1.15** (-0.55)		1.10*** (-0.37)		0.75 (-0.51)		-4.34** (-1.80)
SDM-SAR	15.6***	8.01	15.47***	11.37**	13.4***	2.17	11.04***	8.98***	5.05**	1.34	1.37	5.09**	8.98***	5.72	15.54***	12.53**	14.44***	5.2
SDM-SEM	15.23***	7.96	14.97***	11.29**	12.7***	0.56	10.69***	9.42***	4.9*	1.34	-0.16	5.15**	9.42***	5.71	14.91***	12.42**	13.66***	3.71
LL	11.73	-23.13	6.65	-19.89	8.86	-19.27	110.56	96.14	105.35	94.97	117.94	93.80	8.94	-25.62	6.06	-20.65	8.33	-19.99
ρ	-0.49***	-0.00	-0.28**	0.08	-4.15**	-0.51	-0.22	0.04	0.00*	0.16	-4.50***	-0.09	-0.44**	-0.01	-0.2*	0.08	-2.80**	-0.59
N	110	110	110	110	110	110	110	110	110	110	110	110	110	110	110	110	110	110

注：*** 表示 p<0.01，** 表示 p<0.05，* 表示 p<0.1，LL 为极大似然估计值。

表6.3 三种权重下高校科技成果转化的空间杜宾模型两种固定效应回归结果

系数	综合阶段						成果化阶段						商业化阶段					
	邻近空间权重矩阵		地理空间权重矩阵		经济空间权重矩阵		邻近空间权重矩阵		地理空间权重矩阵		经济空间权重矩阵		邻近空间权重矩阵		地理空间权重矩阵		经济空间权重矩阵	
	个体固定	时间固定	个体固定	时间固定	个体固定	时间固定	个体固定	时间固定	个体固定	时间固定	个体固定	时间固定	个体固定	时间固定	个体固定	时间固定	个体固定	时间固定
indstr	-0.39 (-1.362)	3.02*** (-0.719)	-0.108 (-1.341)	3.51*** (-0.845)	-1.57 (-1.317)	1.55** (-0.686)	0.02 (-0.512)	0.26 (-0.267)	0.05 (-0.510)	0.11 (-0.296)	-0.09 (-0.496)	0.41* (-0.248)	-0.21 (-1.381)	3.04*** (-0.728)	-0.03 (-1.342)	3.61*** (-0.853)	-1.49 (-1.33)	1.34* (-0.68)
gover	-20.56** (-8.50)	-2.42 (-4.07)	-5.45 (-7.48)	6.48 (-4.85)	-7.93 (-7.30)	2.90 (-3.44)	-0.68 (-3.18)	-0.54 (-1.49)	1.13 (-2.82)	-0.31 (-1.71)	0.71 (-2.72)	1.95 (-1.24)	-20.2** (-8.61)	-1.35 (-4.10)	-5.89 (-7.50)	7.68 (-4.89)	-8.88 (-7.37)	2.14 (-3.45)
pergdp	-2.14 (0.00)	-3.16*** (0.00)	-3.78 (0.00)	-4.23** (0.00)	-4.39** (0.00)	-2.96*** (0.00)	-0.23 (0.00)	-0.29 (0.00)	-0.62 (0.00)	0.20 (0.00)	-0.74 (0.00)	-6.3* (0.00)	-2.51 (0.00)	-3.26*** (0.00)	-3.86 (0.00)	-4.74*** (0.00)	-4.4*** (0.00)	-2.81*** (0.00)
edu	-0.13 (0.00)	0.01 (0.00)	-0.11 (0.00)	-0.00 (0.00)	-0.07 (0.00)	0.04** (0.00)	0.05 (0.00)	-0.04 (0.00)	0.01 (0.00)	0.05 (0.00)	-0.08 (0.00)	0.02 (0.00)	-0.15 (0.00)	0.18 (0.00)	-0.12* (0.00)	-0.08 (0.00)	-0.07 (0.00)	0.04** (0.00)
Likelihood-ratio	38.11*** (0.00)	40.20*** (0.00)	25.82*** (0.00)	41.19*** (0.00)	-26.34*** (0.00)	30.01*** (0.00)	20.56* (0.00)	15.24* (0.00)	9.41* (0.00)	11.22* (0.00)	-36.08** (0.00)	10.99* (0.00)	35.48*** (0.00)	37.75*** (0.00)	25.06*** (0.00)	42.59*** (0.00)	25.8*** (0.00)	31.47*** (0.00)
LL	-7.31	-8.36	-6.25	-13.93	-4.30	-6.14	100.28	102.94	100.65	99.74	99.90	112.45	-9.92	-8.79	-6.47	-15.23	-4.56	-7.39
N	110	110	110	110	110	110	110	110	110	110	110	110	110	110	110	110	110	110

注：*** 表示 p<0.01，** 表示 p<0.05，* 表示 p<0.1，LL 为极大似然估计值。

而这一效应却是不利的，说明某一省份科技成果转化效率的提升不仅未带动邻近省份发展，同时还有可能损害其他各省份效率提升的努力，这可以归咎于不同省份之间在高校科技创新领域可能存在的无序竞争以及低水平的合作。成果化阶段和商业化阶段的空间相关系数中，10%的水平下具有显著性的结果均表征为负向。

其中，空间外溢系数的绝对值结果最小的是地理空间权重矩阵，而经济空间权重矩阵则最大，说明科技成果转化的空间扩散和传播效果与经济水平差距具有更明显的关联。虽然科技成果转化一般而言容易受限于物理距离，物理距离越远的区域之间交流和扩散也就越难，我们的实证结果也支持这一点，但是计算结果同时也表明经济发展水平差距超越了地理空间的限制并成为影响科技成果转化的空间关联和扩散的重要原因。应当注意的是，经济距离体现的是负向外溢效应，也就是说，区域内经济距离越近的省份存在越严重的竞争和抑制现象。从科技成果转化的具体过程来看，经济空间权重矩阵下，成果化存在显著的负向外溢效应，而邻近空间权重矩阵和经济空间权重矩阵下的商业化效率存在显著的外溢效应。地理空间权重矩阵下，则两个阶段均无显著的空间外溢效应。从模型的控制变量估计结果来分析，所选择的控制变量在空间上均没有对不同阶段的效率值变化产生显著的影响。

不同院校类型的模型回归结果和全局结论相比并无较大区别（见表6.4~表6.11）。综合阶段下各类型高校均存在负向的外溢效应，不同之处在于，综合院校在邻近空间权重矩阵下呈现出负向外溢，理工院校、农业院校、师范院校、医药院校在经济空间权重矩阵下呈现负向外溢效应，其他院校在两者下均显著。在三种空间权重矩阵下，林业院校的系数均显著。成果化阶段各院校均呈现显著性，综合院校、其他院校在经济空间权重矩阵下显著，理工院校和农业院校在地理空间权重和经济空间权重矩阵下显著，林业院校在邻近空间权重矩阵下显著，其他院校在邻近空间权重矩阵和经济空间权重矩阵下显著，医药院校则在三种矩阵下均显著。商业化阶段则表现为综合院校、师范院校在邻近空间权重矩阵、经济空间权重矩阵下显著。理工院校、农业院校、医药院校在经济空间权重矩阵下显著，林业院校在邻近空间权重矩阵和经济空间权重矩阵下显著，师范院校在三种权重矩阵下均呈现显著性。

表6.4　长江经济带高校科技成果转化效率空间计量模型回归结果

系数	综合阶段			成果化阶段			商业化阶段		
	邻近空间权重矩阵	地理空间权重矩阵	经济空间权重矩阵	邻近空间权重矩阵	地理空间权重矩阵	经济空间权重矩阵	邻近空间权重矩阵	地理空间权重矩阵	经济空间权重矩阵
indstr	-0.24	-0.62	-1.16	-0.21	-0.49	-0.38	-0.17	-0.26	-0.88
	(0.81)	(0.55)	(0.24)	(0.55)	(0.13)	(0.27)	(0.88)	(0.81)	(0.43)
gover	-2.39	2.71	-1.48	2.05	2.51	2.27	-3.94	0.77	-3.36
	(0.70)	(0.67)	(0.81)	(0.34)	(0.22)	(0.28)	(0.56)	(0.91)	(0.62)
pergdp	7.25	3.00	7.87	3.32	3.70	5.69	4.68	-0.50	2.48
	(0.35)	(0.59)	(0.22)	(0.22)	(0.04)	(0.01)	(0.58)	(0.93)	(0.73)
edu	0.85	-1.29	0.95	-0.48	-0.36	-0.10	1.36	-0.88	1.40
	(0.59)	(0.51)	(0.57)	(0.37)	(0.56)	(0.87)	(0.42)	(0.67)	(0.46)
ρ	-0.44	-0.07	-5.28	-0.12	-0.25	-11.89	-0.34	-0.14	-6.14
	(0.00)	(0.62)	(0.01)	(0.37)	(0.08)	(0.00)	(0.01)	(0.31)	(0.01)
σ^2	0.03	0.04	0.04	0.00	0.00	0.00	0.04	0.04	0.05
	(0.00)	(0.00)	(0.00)	(0.00)	(0.00)	(0.00)	(0.00)	(0.00)	(0.00)
LL	32.00	26.79	44.88	150.55	151.96	167.79	22.75	21.21	38.12
R^2	1.00	0.99	0.85	1.00	0.98	0.95	0.91	1.00	0.92

注：括号中为相应的 p 值，LL 为极大似然估计值。

表 6.5 综合院校科技成果转化效率空间计量模型回归结果

系数	综合阶段			成果化阶段			商业化阶段		
	邻近空间权重矩阵	地理空间权重矩阵	经济空间权重矩阵	邻近空间权重矩阵	地理空间权重矩阵	经济空间权重矩阵	邻近空间权重矩阵	地理空间权重矩阵	经济空间权重矩阵
indstr	-0.94 (0.43)	-0.51 (0.67)	-1.44 (0.27)	-0.57 (0.26)	-0.02 (0.96)	-0.22 (0.65)	-0.25 (0.84)	-0.64 (0.60)	-1.24 (0.34)
gover	-22.30 (0.00)	-7.95 (0.29)	-14.29 (0.07)	-0.67 (0.83)	0.59 (0.85)	0.51 (0.86)	-23.09 (0.00)	-9.08 (0.23)	-15.30 (0.05)
pergdp	-15.50 (0.09)	-16.20 (0.01)	-14.00 (0.10)	1.89 (0.62)	-1.02 (0.71)	-1.38 (0.66)	-19.30 (0.04)	-16.90 (0.01)	-14.40 (0.08)
edu	-4.09 (-0.03)	-6.34 (0.01)	-3.48 (0.12)	-0.43 (0.58)	-0.96 (0.32)	-0.73 (0.38)	-4.57 (0.02)	-5.85 (0.01)	-3.57 (0.10)
ρ	-0.49 (0.00)	-0.28 (0.05)	-4.16 (0.01)	-0.22 (-0.10)	0.00 (1.00)	-4.51 (0.01)	-0.45 (0.00)	-0.29 (0.04)	-2.80 (0.02)
σ^2	0.04 (0.00)	0.05 (0.00)	0.06 (0.00)	0.01 (0.00)	0.01 (0.00)	0.01 (0.00)	0.05 (0.00)	0.05 (0.00)	0.06 (0.00)
LL	11.74	6.66	8.86	110.56	105.35	117.95	8.95	6.06	8.34
R^2	0.92	-7.52	0.96	0.99	0.93	0.97	0.93	0.94	0.96

注：括号中为相应的 p 值，LL 为极大似然估计值。

表 6.6 理工院校科技成果转化效率空间计量模型回归结果

系数	综合阶段			成果化阶段			商业化阶段		
	邻近空间权重矩阵	地理空间权重矩阵	经济空间权重矩阵	邻近空间权重矩阵	地理空间权重矩阵	经济空间权重矩阵	邻近空间权重矩阵	地理空间权重矩阵	经济空间权重矩阵
indstr	2.86 (0.04)	2.12 (0.09)	2.24 (-0.07)	0.66 (0.21)	0.65 (0.20)	0.71 (0.17)	2.11 (0.11)	1.29 (0.28)	1.38 (0.24)
gover	-6.21 (0.46)	-5.65 (0.47)	-9.17 (0.22)	6.83 (0.03)	1.46 (0.64)	4.04 (0.20)	-8.31 (0.30)	-6.11 (0.42)	-11.47 (0.11)
pergdp	15.80 (0.14)	8.15 (0.25)	10.80 (0.18)	15.50 (0.00)	4.57 (0.10)	8.20 (0.01)	7.38 (0.48)	3.64 (0.59)	4.17 (0.59)

续表

系数	综合阶段			成果化阶段			商业化阶段		
	邻近空间权重矩阵	地理空间权重矩阵	经济空间权重矩阵	邻近空间权重矩阵	地理空间权重矩阵	经济空间权重矩阵	邻近空间权重矩阵	地理空间权重矩阵	经济空间权重矩阵
edu	-0.73	-0.71	-0.05	0.12	-0.54	-0.05	-0.84	-0.45	-0.20
	(0.73)	(0.77)	(0.98)	(0.88)	(0.59)	(0.95)	(0.68)	(0.85)	(0.92)
ρ	-0.11	-0.25	-2.29	-0.03	-0.30	-10.18	-0.17	-0.27	-2.02
	(0.43)	(0.08)	(0.03)	(0.82)	(0.02)	(0.00)	(0.23)	(0.06)	(0.04)
σ^2	0.06	0.06	0.06	0.01	0.01	0.01	0.06	0.05	0.05
	(0.00)	(0.00)	(0.00)	(0.00)	(0.00)	(0.00)	(0.00)	(0.00)	(0.00)
LL	-0.23	2.83	12.27	105.57	103.15	119.44	3.58	7.51	16.26
R^2	0.99	0.99	0.99	0.98	0.94	0.93	0.98	1.00	0.98

注：括号中为相应的 p 值，LL 为极大似然估计值。

表 6.7 林业院校科技成果转化效率空间计量模型回归结果

系数	综合阶段			成果化阶段			商业化阶段		
	邻近空间权重矩阵	地理空间权重矩阵	经济空间权重矩阵	邻近空间权重矩阵	地理空间权重矩阵	经济空间权重矩阵	邻近空间权重矩阵	地理空间权重矩阵	经济空间权重矩阵
indstr	2.29	0.74	1.40	1.35	1.27	0.63	1.50	0.56	1.40
	(0.04)	(0.56)	(0.27)	(0.16)	(0.16)	(0.51)	(0.07)	(0.61)	(0.19)
gover	7.62	5.14	5.97	-6.36	-0.12	-0.32	10.69	7.45	8.15
	(0.26)	(0.52)	(0.44)	(0.27)	(0.98)	(0.96)	(0.04)	(0.27)	(0.21)
pergdp	-2.92	7.83	1.07	2.83	2.41	6.24	-6.39	6.08	-1.79
	(0.73)	(0.27)	(0.89)	(0.70)	(0.63)	(0.32)	(0.32)	(0.31)	(0.79)
edu	-4.09	1.52	0.54	0.40	-0.21	1.20	-4.90	0.76	-0.78
	(0.02)	(0.53)	(0.80)	(0.79)	(0.90)	(0.46)	(0.00)	(0.71)	(0.67)
ρ	-0.72	-0.22	-4.74	-0.27	-0.15	-9.80	-0.92	-0.15	-3.26
	(0.00)	(0.05)	(0.01)	(0.06)	(0.11)	(0.00)	(0.00)	(0.22)	(0.02)
σ^2	0.04	0.06	0.06	0.03	0.03	0.03	0.02	0.04	0.04
	0.00	0.00	0.00	0.00	0.00	0.00	0.00	0.00	0.00
LL	17.12	3.14	11.48	38.81	41.41	53.26	42.84	20.66	29.70
R^2	0.99	0.84	0.97	1.00	0.99	0.96	0.99	0.78	0.98

注：括号中为相应的 p 值，LL 为极大似然估计值。

表 6.8 农业院校科技成果转化效率空间计量模型回归结果

系数	综合阶段			成果化阶段			商业化阶段		
	邻近空间权重矩阵	地理空间权重矩阵	经济空间权重矩阵	邻近空间权重矩阵	地理空间权重矩阵	经济空间权重矩阵	邻近空间权重矩阵	地理空间权重矩阵	经济空间权重矩阵
indstr	-0.19 (0.90)	-0.90 (0.51)	-0.40 (0.75)	0.46 (0.55)	-0.18 (0.78)	0.02 (0.97)	-0.37 (0.80)	-0.73 (0.60)	-0.41 (0.76)
gover	-4.08 (0.64)	-8.17 (0.34)	-12.22 (0.11)	4.22 (0.34)	-3.76 (0.35)	-4.37 (0.26)	-6.72 (0.46)	-6.38 (0.47)	-11.39 (0.16)
pergdp	12.90 (0.24)	13.60 (0.07)	8.18 (0.32)	1.85 (0.22)	-1.20 (0.73)	-2.17 (0.60)	9.71 (0.40)	13.60 (0.08)	6.77 (0.44)
edu	-3.35 (0.13)	-2.94 (0.26)	-2.34 (0.27)	-0.97 (0.37)	-0.37 (0.76)	-0.31 (0.77)	-3.10 (0.17)	-3.36 (0.21)	-2.28 (0.32)
ρ	0.01 (0.93)	-0.03 (0.83)	-1.71 (0.05)	-0.17 (0.37)	-0.26 (0.05)	-2.70 (0.02)	0.02 (0.91)	-0.11 (0.39)	-2.07 (0.04)
σ²	0.06 (0.00)	0.06 (0.00)	0.06 (0.00)	0.01 (0.00)	0.01 (0.00)	0.02 (0.00)	0.07 (0.00)	0.07 (0.00)	0.07 (0.00)
LL	-3.13	-5.05	5.63	86.56	76.96	86.99	-7.89	-8.64	0.97
R²	0.96	1.00	0.96	1.00	1.00	1.00	0.95	0.98	0.96

注：括号中为相应的 p 值，LL 为极大似然估计值。

表 6.9 师范院校科技成果转化效率空间计量模型回归结果

系数	综合阶段			成果化阶段			商业化阶段		
	邻近空间权重矩阵	地理空间权重矩阵	经济空间权重矩阵	邻近空间权重矩阵	地理空间权重矩阵	经济空间权重矩阵	邻近空间权重矩阵	地理空间权重矩阵	经济空间权重矩阵
indstr	0.83 (0.51)	2.19 (0.07)	1.35 (0.27)	-1.52 (0.04)	-1.59 (0.03)	-0.75 (0.31)	0.60 (0.65)	2.60 (0.03)	1.62 (0.20)
gover	7.66 (0.32)	13.60 (0.07)	5.58 (0.45)	14.52 (0.00)	2.91 (0.53)	9.35 (0.04)	12.21 (0.12)	17.86 (0.02)	10.21 (0.18)
pergdp	8.02 (0.42)	-2.35 (0.72)	0.70 (0.93)	9.57 (0.10)	4.51 (0.28)	5.13 (0.30)	16.00 (0.12)	1.24 (0.85)	7.18 (0.39)
edu	0.58 (0.77)	-3.14 (0.17)	0.97 (0.64)	1.52 (0.18)	3.52 (0.01)	2.43 (0.05)	1.51 (0.45)	-3.29 (0.15)	1.46 (0.49)

续表

系数	综合阶段			成果化阶段			商业化阶段		
	邻近空间权重矩阵	地理空间权重矩阵	经济空间权重矩阵	邻近空间权重矩阵	地理空间权重矩阵	经济空间权重矩阵	邻近空间权重矩阵	地理空间权重矩阵	经济空间权重矩阵
ρ	-0.34	-0.26	-2.39	-0.51	-0.24	-3.31	-0.29	-0.33	-2.44
	(0.01)	(0.05)	(0.03)	(0.00)	(0.10)	(0.02)	(0.04)	(0.01)	(0.03)
σ²	0.05	0.05	0.06	0.02	0.02	0.02	0.05	0.05	0.06
	(0.00)	(0.00)	(0.00)	(0.00)	(0.00)	(0.00)	(0.00)	(0.00)	(0.00)
LL	7.50	8.64	13.25	64.14	59.96	70.96	5.46	8.31	11.56
R²	1.00	0.83	1.00	0.97	0.94	1.00	1.00	0.84	0.94

注：括号中为相应的 p 值，LL 为极大似然估计值。

表 6.10 医药院校科技成果转化效率空间计量模型回归结果

系数	综合阶段			成果化阶段			商业化阶段		
	邻近空间权重矩阵	地理空间权重矩阵	经济空间权重矩阵	邻近空间权重矩阵	地理空间权重矩阵	经济空间权重矩阵	邻近空间权重矩阵	地理空间权重矩阵	经济空间权重矩阵
indstr	-1.18	-0.98	-0.97	-1.53	-1.84	-2.41	-0.11	0.35	0.46
	(0.44)	(0.50)	(0.51)	(0.17)	(0.07)	(0.03)	(0.94)	(0.81)	(0.75)
gover	9.04	16.29	16.96	5.33	13.05	13.30	4.31	10.76	11.70
	(0.33)	(0.07)	(0.06)	(0.43)	(0.04)	(0.05)	(0.64)	(0.23)	(0.19)
pergdp	-2.63	2.11	1.90	-8.74	-5.55	1.70	1.36	6.92	5.46
	(0.83)	(0.79)	(0.84)	(0.32)	(0.32)	(0.82)	(0.91)	(0.39)	(0.57)
edu	0.08	0.02	0.00	-0.18	0.04	2.16	1.19	0.93	0.68
	(0.97)	(0.99)	(1.00)	(0.92)	(0.98)	(0.26)	(0.61)	(0.74)	(0.78)
ρ	-0.01	-0.25	-4.23	-0.43	-0.47	-7.25	-0.03	-0.15	-4.45
	(0.92)	(0.07)	(0.01)	(0.00)	(0.00)	(0.00)	(0.84)	(0.26)	(0.01)
σ²	0.07	0.07	0.08	0.04	0.04	0.05	0.07	0.07	0.08
	(0.00)	(0.00)	(0.00)	(0.00)	(0.00)	(0.00)	(0.00)	(0.00)	(0.00)
LL	-11.83	-13.14	-0.15	20.53	23.56	29.18	-9.31	-11.71	1.26
R²	0.96	0.99	1.00	0.98	1.00	0.97	0.95	0.98	1.00

注：括号中为相应的 p 值，LL 为极大似然估计值。

表6.11　其他院校科技成果转化效率空间计量模型回归结果

系数	综合阶段			成果化阶段			商业化阶段		
	邻近空间权重矩阵	地理空间权重矩阵	经济空间权重矩阵	邻近空间权重矩阵	地理空间权重矩阵	经济空间权重矩阵	邻近空间权重矩阵	地理空间权重矩阵	经济空间权重矩阵
indstr	-0.24	-0.62	-1.16	-0.21	-0.49	-0.38	-0.17	-0.26	-0.88
	(0.81)	(0.55)	(0.24)	(0.55)	(0.13)	(0.27)	(0.88)	(0.81)	(0.43)
gover	-2.39	2.71	-1.48	2.05	2.51	2.27	-3.94	0.77	-3.36
	(0.70)	(0.67)	(0.81)	(0.34)	(0.22)	(0.28)	(0.56)	(0.91)	(0.62)
pergdp	7.25	3.00	7.87	3.32	3.70	5.69	4.68	-0.50	2.48
	(0.36)	(0.60)	(0.23)	(0.23)	(0.04)	(0.01)	(0.59)	(0.93)	(0.73)
edu	0.85	-1.29	0.95	-0.48	-0.36	-0.10	1.36	-0.88	1.40
	(0.59)	(0.51)	(0.57)	(0.37)	(0.56)	(0.87)	(0.42)	(0.67)	(0.46)
ρ	-0.44	-0.07	-5.28	-0.12	-0.25	-11.89	-0.34	-0.14	-6.14
	(0.00)	(0.62)	(0.01)	(0.37)	(0.08)	(0.00)	(0.01)	(0.31)	(0.01)
σ^2	0.03	0.04	0.04	0.00	0.00	0.00	0.04	0.04	0.05
	(0.00)	(0.00)	(0.00)	(0.00)	(0.00)	(0.00)	(0.00)	(0.00)	(0.00)
LL	32.00	26.79	44.88	150.55	151.96	167.79	22.75	21.21	38.12
R^2	1.00	0.99	0.85	1.00	0.98	0.95	0.91	1.00	0.92

注：括号中为相应的 p 值，LL 为极大似然估计值。

6.4　稳健性检验

上文采用（邻近、地理和经济）三种空间权重矩阵分析了长江经济带高校科技成果转化的综合阶段、成果化阶段以及商业化阶段转化效率的空间效应。为检验结果的稳定性，本节将空间权重矩阵设定为交通距离权重矩阵，以考察不同省份之间的交通距离对外溢效应产生的影响。交通运输网络的扩张促进了要素流动，与此同时，近年来高速铁路的建设进一步促进和扩大了地区间的要素流动和市场规模。因此，为构建该权重矩阵，采用高铁通勤路线距离的倒数来表示，公式为：

$$W_{ij} = \frac{1}{d_{ij}} \qquad (6.9)$$

式（6.9）中，$i \neq j$，d_{ij} 是各省会城市之间的高铁通行距离。该距离通过计算两个城市之间的高铁通勤平均时间与运行线路的平均时速的乘积得出。经过计算，得出了本节所需的交通距离空间权重矩阵，并以此对上文中长江经济带所有高校以及不同类型院校的空间外溢性计算结果进行稳健性检验，模型回归结果如表 6.12~表 6.14 所示。

表 6.12　基于交通距离空间权重矩阵的长江经济带高校科技成果
转化综合阶段效率外溢效应

系数	所有高校	综合院校	理工院校	农业院校	林业院校	医药院校	帅范院校	其他院校
indstr	-1.16	-0.76	1.92	2.06	0.36	0.67	0.08	-1.16
	(0.24)	(0.54)	(0.15)	(0.07)	(0.79)	(0.58)	(0.95)	(0.24)
gover	-1.48	-15.47	-2.88	18.84	-7.54	5.67	9.95	-1.48
	(0.81)	(0.03)	(0.71)	(0.00)	(0.33)	(0.42)	(0.23)	(0.81)
pergdp	7.87	-15.00	18.00	10.80	13.40	-1.22	-5.74	7.87
	(0.23)	(0.05)	(0.03)	(0.12)	(0.11)	(0.87)	(0.51)	(0.23)
edu	0.95	-4.00	-0.94	-2.10	-4.14	0.81	-0.94	0.95
	(0.57)	(0.03)	(0.65)	(0.22)	(0.05)	(0.67)	(0.67)	(0.57)
ρ	-5.28	-0.35	-0.01	-0.59	-0.04	-0.32	-0.21	-5.28
	(0.01)	(0.02)	(0.93)	(0.00)	(0.79)	(0.01)	(0.13)	(0.01)
σ^2	0.04	0.05	0.06	0.04	0.06	0.05	0.07	0.04
	(0.00)	(0.00)	(0.00)	(0.00)	(0.00)	(0.00)	(0.00)	(0.00)
LL	44.88	5.65	-0.78	13.87	-2.93	7.06	-10.26	44.88
R^2	0.85	1.00	0.98	0.99	0.94	0.98	0.97	0.85

注：括号中为相对应的 p 值，LL 为极大似然估计值。

表 6.13 基于交通距离空间权重矩阵的长江经济带高校科技成果转化
成果化阶段效率外溢效应

系数	所有高校	综合院校	理工院校	农业院校	林业院校	医药院校	师范院校	其他院校
indstr	-0.48	-0.57	0.66	1.35	-0.04	-1.52	-1.52	-0.21
	(0.15)	(0.26)	(0.21)	(0.16)	(0.95)	(0.04)	(0.17)	(0.55)
gover	1.31	-0.67	6.83	-6.36	0.44	14.52	5.33	2.05
	(0.49)	(0.83)	(0.03)	(0.27)	(0.90)	(0.00)	(0.43)	(0.34)
pergdp	4.58	1.89	15.50	2.83	4.19	9.57	-8.74	3.32
	(0.02)	(0.63)	(0.00)	(0.71)	(0.27)	(0.10)	(0.32)	(0.23)
edu	-0.14	-0.43	0.12	0.40	-0.48	1.52	-0.18	-0.48
	(0.79)	(0.58)	(0.88)	(0.79)	(0.62)	(0.18)	(0.92)	(0.37)
ρ	-0.37	-0.22	-0.03	-0.27	-0.32	-0.51	-0.43	-0.12
	(0.01)	(0.10)	(0.82)	(0.06)	(0.03)	(0.00)	(0.00)	(0.37)
σ^2	0.00	0.01	0.01	0.03	0.01	0.02	0.04	0.00
	(0.00)	(0.00)	(0.00)	(0.00)	(0.00)	(0.00)	(0.00)	(0.00)
LL	150.11	110.56	105.57	38.81	81.33	64.14	20.53	150.55
R^2	0.98	0.99	0.98	1.00	0.99	0.97	0.98	1.00

注：括号中为相对应的 p 值，LL 为极大似然估计值。

表 6.14 基于交通距离空间权重矩阵的长江经济带高校科技成果转化
商业化阶段效率外溢效应

系数	所有高校	综合院校	理工院校	农业院校	林业院校	医药院校	师范院校	其他院校
indstr	-0.48	-0.57	0.66	1.35	-0.04	-1.52	-1.52	-0.21
	(0.15)	(0.26)	(0.21)	(0.16)	(0.95)	(0.04)	(0.17)	(0.55)
gover	1.31	-0.67	6.83	-6.36	0.44	14.52	5.33	2.05
	(0.49)	(0.83)	(0.03)	(0.27)	(0.90)	(0.00)	(0.43)	(0.34)
pergdp	4.58	1.89	15.5	2.83	4.19	9.57	-8.74	3.32
	(0.02)	(0.63)	(0.00)	(0.71)	(0.27)	(0.10)	(0.32)	(0.23)
edu	-0.14	-0.43	0.12	0.40	-0.48	1.52	-0.18	-0.48
	(0.79)	(0.58)	(0.88)	(0.79)	(0.62)	(0.18)	(0.92)	(0.37)

续表

系数	所有高校	综合院校	理工院校	农业院校	林业院校	医药院校	师范院校	其他院校
ρ	-0.37	-0.22	-0.03	-0.27	-0.32	-0.51	-0.43	-0.12
	(0.01)	(0.10)	(0.82)	(0.06)	(0.03)	(0.00)	(0.00)	(0.37)
σ^2	0.00	0.01	0.01	0.03	0.01	0.02	0.04	0.00
	(0.00)	(0.00)	(0.00)	(0.00)	(0.00)	(0.00)	(0.00)	(0.00)
LL	150.11	110.56	105.57	38.81	81.33	64.14	20.53	150.55
R^2	0.98	0.99	0.98	1.00	0.99	0.97	0.98	1.00

注：括号中为相对应的 p 值，LL 为极大似然估计值。

在交通距离权重矩阵下，呈现出的是高铁时代的交通优势对于高校科技成果转化扩散和交流的作用。结果表明，分省份的高校科技成果转化效率同样呈现负向的外溢效应，各类型院校交通权重矩阵的计算结果也比较相似。从以上结果中可以发现，无论使用哪一种空间权重矩阵，在科技成果转化不同阶段的外溢效应除数值大小和 p 值存在一定差异外，核心解释变量的回归系数均与上文的分析结果基本一致。说明本章的模型构建稳健性较好。

6.5 本章小结

在前文的基础上，本章进一步考虑了科技成果转化的空间相关性和外溢性特征。采用的方法主要是 Moran's I 以及空间计量回归模型，同时选择了几个不同的空间权重矩阵，对长江经济带高校科技成果转化不同阶段的空间相关性和空间效应进行了测度。基于以上方法和模型，详细计算了所有高校以及分类型的高校科技成果转化效率的空间特征。主要的研究结论有以下两点：

（1）从空间相关性来看，高校科技成果转化效率总体表现为正向的相关性，但不同类型院校空间相关性存在很大的差异。可能的原因在于不同省份之间存在比较密切的跨院校类型合作，但是不同类型院校则存在一定的竞争，使得区域内的高校科技成果转化效率难以实现合作共赢和相互促进。同时，区域内的高校科技成果转化空间相关效应近年来存在弱化趋势，因此需要加强各省份之间尤其是各类型高校之间在科技成果产出和市场化方面的协同合作，从而为区域一体化提供助力。

（2）从空间外溢结果来看，在科技成果转化的过程中，不管是总体还是具体阶段，科技成果转化的效率在空间上均呈现出负向的相关性。说明区域内科技成果转化中的扩散效应是非常不理想的，这一结果从高校类型的角度来看同样是一致的。因此，各省份之间需要重视和加强区域内的整体协同布局，扭转对其他省份产生的不利影响的局面，进一步强化各省份之间的实质性科技成果交流合作和推广，扩大和提升创新成果共享规模和质量。同时，空间外溢效应测度的结果和各省份的 Tobit 回归结果的差异也表明区域内各省份既要通过要素的投入推动本省份的高校科技成果转化能力和效率，同时还应当兼顾与其他省份的协同发展，避免一家独大进而挤压其他区域的发展空间。

因此，以上结果表明，虽然选择的模型类型对于结果而言不会产生较大的差异，但是从长江经济带各省份以及各高校类型来计算的外溢结果非常依赖于所选择的权重矩阵，也表明从物理距离、虚拟距离等角度来看，不同类型高校的结果存在很大的差异。

7　研究结论与展望

7.1　研究结论

国内外学者在高校科技创新领域进行了深入研究，但现有研究大多将高校科技成果转化过程看成是"黑箱"的科技创新过程，或视为一次性投入产出的转化过程，与现实情况不符，无法探析高校科技成果转化过程中各阶段对整体综合效率的影响，也不利于找到转化效率低效的根本原因。本书从创新价值链角度出发，将高校科技成果转化过程进一步细分为成果化阶段和商业化阶段，构建了高校科技成果转化的两阶段效率评价体系，并将科技中介纳入了研究框架。针对 2010~2019 年长江经济带 11 个省份高校层面的科技成果转化投入产出数据，采用追加投入的两阶段 DEA 模型对长江经济带高校成果转化的效率进行了总体分析和分阶段测度，并利用 Tobit 回归模型对整体和分地区各阶段效率的内外部影响因素进行了识别。基于上述分析，本书主要研究结论如下：

（1）长江经济带高校科技成果转化整体综合效率离生产前沿面较远，表现为成果化产出阶段效率高但商业化阶段产出效率低。研究期内，长江经济带高校科技成果转化效率虽有所改善但依旧不高，综合效率和商业化产出效率均呈现出先持续下降并在 2014 年触底之后反弹回升的"V"形走势，而成果化产出效率则长期处于较优配置状态。具体分析创新成果价值链，可以发现，长江经济带高校在成果化阶段均有良好且较稳定的表现。说明高校的科技成果难以有效转变为现实生产力的主要原因，在于商业化过程中创新产出成果难以有效地在市场中流动并创造价值，产学研协同发展的成效并不乐观。

（2）分地区来看，下游地区的高校科技成果转化综合效率和商业化产出效率均明显优于其他地区，但成果化产出效率阶段却呈现相反状态。中游地区的综合效率以及商业化效率表现为先下降后上升，上游地区呈波动上升趋势，下游地区变化相对不明显，中游和上游地区的效率值均长期低于长江经济带的平均水平。长江中上游地区应该是提高高校科技成果转化效率的主要地区，需要努力提升高校科技成果商业化水平和能力。从省域来看，安徽和江苏属于高效率省份，要提升长江经济带高校整体转化效率，就需要提升江西、湖北和贵州等低效率省份的转化效率。在分类型高校科技成果转化活动中，无论是成果化产出阶段还是商业化产出阶段，各类型高校的科技成果转化效率总体差异不大，但林业院校的综合效率和商业化产出效率表现突出。

（3）高校科技成果转让合同金额指标对综合效率、商业化产出效率的提升具有显著的促进作用。在成果化阶段，人均 GDP、高校发表学术论文数量以及专利申请数量显著影响成果化产出效率；高校研究与试验发展全时人员、高校 R&D 成果应用及科技服务全时人员，以及专利授权数量对成果转化的影响显著为负。在商业化阶段，人力资本、劳动投入和科技成果合同收入均为正向影响高校科技成果转化商业化效率的主要因素，专利授权数量和科技服务经费的影响显著为负。

（4）分类型高校回归分析结果表明，各类型高校由于其属性特色以及学科门类差异，影响因素也不尽相同。在科技成果转化的不同阶段，对不同高校而言其效率的影响因素均不相同且没有共性，甚至科技成果转化综合阶段的影响因素及与其效率低下有直接关联的商业化阶段的影响因素也不完全相同，这说明高校类型差异会对区域内科技成果转化产生直接影响。因而，在提升区域科技成果转化效率的过程中，不仅需要制定区域协同的顶层战略，也要精准识别施力的阶段，还应当针对具体的高校类型采取对应的措施。

（5）从空间相关性来看，高校科技成果转化效率总体表现为正向的相关性，但不同类型院校空间相关性存在很大的差异。可能的原因在于不同省份之间存在比较密切的跨院校类型合作，但是不同类型院校则存在一定的竞争，使得区域内的高校科技成果转化难以实现合作共赢和相互促进。同时，区域内的高校科技成果转化空间相关效应近年来存在弱化趋势，因此需要加强各省份之间尤其是各类型高校之间在科技成果产出和市场化方面的协同合作，从而为区域一体化提供助力。

（6）从空间外溢结果来看，在科技成果转化的过程中，不管是总体还是具体阶段，科技成果转化的效率在空间上均呈现出负向的相关性。说明区域内科技成果转化中的扩散效应是非常不理想的，这一结果从高校类型的角度来看同样是一致的。因此，各省份之间需要重视和加强区域内的整体协同布局，扭转对其他省份产生不利影响的局面，进一步强化各省份之间的实质性科技成果交流合作和推广，扩大和提升创新成果共享规模和质量。同时，空间外溢效应测度的结果和各省份的 Tobit 回归结果的差异也表明区域内各省份既要通过要素的投入推动本省份的高校科技成果转化能力和效率，同时还应当兼顾与其他省份的协同发展，避免一家独大并挤压其他区域的发展空间。

7.2 政策建议

从本书的理论分析和实证研究结果可以看出，我国科技投入力度不断加大，科技成果产出数量也不断增加，但我国高校仍然存在商业化效率较低的问题。只有重视成果转化全链条发展，不断提升两阶段的转化效率，才能真正提升国内高校的科技创新能力。

本书梳理并分析了我国长江经济带不同省域、不同环节、不同类型高校成果转化现状，识别并分析了我国长江经济带高校各环节成果转化效率的影响因素，深入探究了转化效率的空间效应。因此，本章在前文理论分析和实证结果的基础上，对提升我国高校科技成果转化效率提出有针对性的政策建议。

7.2.1 建立与市场机制相协调的科技成果转化体制机制

从前文实证结果可以看出，长江经济带高校科技成果转化效率不高的原因主要在于第二阶段商业化产出效率不高，商业化过程中创新产出成果难以有效地在市场中流动并创造价值，产学研协同发展的成效并不乐观。因此，要提升高校科技成果转化效率，充分发挥区域创新体系的动力，就整个长江经济带而言，完善科技成果转化的市场体制机制建设，相比于科技成果产出的成果化工作，加强科技成果转化创新价值链中的商业化环节更为重要。

由于科技成果转化的落后管理体制，当前我国科技成果转化主体错位，转化机制并不能与市场机制相适应。由于在传统的科技成果转化机制中，创新主体和生产部门是分开的，也就是高校和研究所负责技术开发，企业负责生产，故企业在生产时会忽略技术的开发。国家对技术开发的投资主要是针对高校和研究所，故相关技术创新人才也都集中在高校和研究所。大多数科研机构集中在高校和科研所，企业内部很少设置科研机构，这也造成了科技成果延伸产品的功能脱离市场需求，不能满足企业对科技成果转化产品的要求。由于部分科技成果转化产品在试验和生产阶段缺乏人力、物力、资金，故即使其应用前景和实用性都符合市场预期也很难实现有效转化。只有让政府、高校院所、企业、中介机构在各自擅长的领域发挥作用，构建与市场机制相协调的科技成果转化体制机制，转变政府在高校科技创新中的定位和作用，改革高校科技投融资模型，才能为现代化经济体系建设提供强有力的支撑和保障。

7.2.2 加快构建依托科技型企业的产学研合作创新体系

高质量发展是新时代经济社会发展的必然要求，高校、科研院所和企业应该建立良好的科技成果交流机制，将高校成果产业化、商业化。加快构建以企业为主体的产学研合作体系，促进高校科技成果转移转化，这需要改革高校现有的以科研论文和国家纵向科研基金为目标的科研考核体系，同时不仅要将传统的专利、著作、高质量论文作为评价科研人员部分指标，更要关注科技成果的技术性、实用性和经济性。

2014 年开始，深圳、东莞、中山、广州、珠海等先行先试开展新型研发机构建设。国务院、科技部也于 2016 年、2017 年相继发布《国家创新驱动发展战略纲要》《"十三五"国家科技创新规划》《"十三五"国家技术创新工程规划》《国家技术转移体系建设方案》等文件，支持科技创新发展。2016~2019 年，重庆、江苏等 16 个省市区全面突破，秉持可持续发展、高质量发展理念，一批新型研发机构如火如荼地建设发展起来。科技部 2019 年发布了指导意见，各地方政府基于本地区实际情况，相继出台了新型研发机构建设的指南，进一步规范了新型研发机构的建设和发展。

相较于传统的研发机构，新型研发机构有以下明显的优势：①投资主体更加多元化，往往由多个投资主体共同投资创办；②功能更多元，不只进行科研，还以科研为核心延伸至技术孵化、科技成果转化与产业化、技术投资、产业投资等，以产业需求、市场需求为源头，以应用类科研技术为主要手段，通过市场验证和衡量技术的市场和商业价值；③组织机制更灵活，采用开放式创新模式，以吸纳外部优秀的创意，并以比较灵活的用人机制、激励机制、培养机制等吸纳外部优秀人才加盟；④经营机制市场化，以市场需求设人设岗，设定研发方向与需求，服务于产业的发展要求。

7.2.3 完善高校科技创新评价体系

科学完备的评价体系是指导科研工作的风向标，对提高高校科研创新水平及加快创新驱动发展具有重要的作用。深入贯彻落实《深化新时代教育评价改革总体方案》，推进《关于规范高等学校 SCI 论文相关指标使用树立正确评价导向的若干意见》和《关于提升高等学校专利质量促进转化运营的若干意见》，破除唯数量、唯论文、唯职称、唯学历、唯奖项等不良倾向，引导评价工作突出创新能力、质量、实效、贡献，推动高校科研人员回归学术初心，优化完善高校科技奖励机制。

要根据高校学科特点，依据科研活动的成果产出特征，建立针对性的科研绩效评价体系，并选择合适的方法，建立科研成果标准化评价体系。在构建科研成果绩效评估体系时，要基于本校学科群体间的关系和特点，兼顾基础学科群和技术应用学科群的利益。在重视科技成果转化的同时，要保持对基础科学研究的持续支持和投入。

7.2.4　推动高校科技创新活动的区域协同发展

从空间相关性来看，长江经济带高校科技成果转化效率总体表现为正向的相关性，但不同院校类型空间相关性存在很大的差异。从空间外溢结果来看，在科技成果转化的过程中，不管是总体还是具体阶段，科技成果转化的效率在空间上均呈现出负向的相关性。说明区域内科技成果转化中的扩散效应是非常不理想的，这一结果从高校类型的角度来看同样是一致的。因此缩小地区差异、统筹不同地区交流合作，是非常必要的。不断推动企业、高校、科研机构在知识产权方面的深度合作，引导开展订单式研发和投放式创新。面向关键核心技术，与企业和工厂建立联盟，联合攻关，加强专利布局和运用。引导建立产业专利导航决策机制，优化战略性新兴产业发展模式，增强产业集群创新引领力。

此外，政府需要优化配置创新资源，推动科技投入的集约化发展。在推进高校科技创新区域一体化建设的进程中，各区域高校要结合自身学科特点和特有的创新资源,推动政府、企业、高校、科研院所、科技中介的科技创新资源对接,不断完善协调互动机制,实现项目的成果化、商业化、产业化,为区域经济高质量发展做出贡献。

习近平指出,我国经济社会发展进入新发展阶段,需要贯彻新发展理念,构建新发展格局。国家科技成果转化是高质量发展的重要内容,高校作为国家知识储备高地,为我国科学技术升级换代做出贡献责无旁贷。建立以国内大循环为主体、国内国际双循环相互促进的新发展格局,是我国实现高质量发展的必然要求。

2021年9月10日,长江中游三省协同推动高质量发展座谈会在武汉举行,长江中游三省协同发展联合办公室揭牌成立,确立了三省主要领导座谈会和常务副省长联席会常态化工作机制。标志着三省省际协商工作机制进一步完善,三省合作更为紧密。地区间合作机制的建立有利于促进区域高校群体科技成果转化。

提高高校科技成果转化成效,支撑实体经济创新发展。不断优化央地合作会商机制,持续推动知识产权强省强市建设,不断强化区域间的合作互助,促进东、中、西部和东北地区科技成果转化工作共同发展。鼓励地方探索构建符合区域发展需求的知识产权政策体系,推动京津冀高端成果转化服务业集聚发展,强化长三角区域一体化知识产权保护,推动粤港澳大湾区打造知识产权国际合作高地,支持中国香港建设区域知识产权贸易中心。加强涉农知识产权运用,助力乡村振兴。建立知识产权强国目标,深入推进国际合作,激发社会主体创新活力,有力支撑经济社会高质量发展。

7.3 研究展望

本书在创新价值链体系框架下，以长江经济带高校科技成果的转化效率为主要研究对象，对其两阶段转化效率进行测度，识别影响转化效率的内外部主要因素，进一步探索科技成果转化的空间相关性和外溢性。基于 Moran's I 模型，对处在两个阶段的长江经济带高校科技成果转化活动的空间相关性和空间外溢效应进行了测度，分析了不同省份以及不同类型高校科技成果转化效率的空间特征。

本书可以进一步拓展的研究领域和方向为：

（1）本书在构建空间矩阵时，仅考虑了静态区位特征，但在现实经济社会活动中，知识、资本和物质等生产要素都是高度流动的。由于数据获取的困难性，本书还未对各种创新资源要素在地区之间流动对成果转化活动产生的影响、高校科技成果转化活动空间效应呈现出的变化趋势做出深入的研究探析，这也将是后续研究的重要内容。

（2）本书从创新价值链视角研究了长江经济带地区高校科技成果转化活动特征，丰富和拓展了现有的研究成果，但本书仅对高校科技成果转化活动进行了宏观层面的研究探讨，并没有进行微观层面的针对性研究，后续研究可运用案例分析对高校科技成果转化进行深入探究。

参考文献

［1］唐莉莉，王宇翔．基于创新驱动发展战略的高校人才管理机制探究［J］．人才资源开发，2018（24）：16-18．

［2］朱恪孝，郭鹏江，杨晶，杨英．以策划实施重大项目为突破口提升高校科研水平［J］．中国高等教育，2007（Z2）：47-49．

［3］本刊编辑部．提高科技成果转化率，提升科技创新驱动力［J］．中国高新区，2016（3）：3．

［4］John P. Walsh，洪伟．美国大学技术转移体系概述［J］．科学学研究，2011，29（5）：641-649．

［5］陈强，鲍悦华，常旭华．高校科技成果转化与协同创新［M］．北京：清华大学出版社，2017．

［6］郭卜铭．我国高校专利技术成果转化问题及对策研究［J］．国际公关，2019（9）：255-256．

［7］Driffield N，Munday M. Foreign manufacturing，regional agglomeration and technical efficiency in UK industries：A stochastic production frontier approach

［J］. Regional Studies, 2001, 35（5）: 391-399.

［8］Hall P, Simar L. Estimating a changepoint, boundary, or frontier in the presence of observation error ［J］. Journal of the American Statistical Association, 2002, 97（458）: 523-534.

［9］Roll Y, Hayuth Y. Port performance comparison applying data envelopment analysis（DEA）［J］. Maritime policy and Management, 1993, 20（2）: 153-161.

［10］Chiu Y H, Wu M F, Cheng C H. The influence of exchange rate gains or losses on the operational efficiency of the Taiwanese LED industry——an application of DEA ［J］. Journal of Statistics and Management Systems, 2008, 11（4）: 787-804.

［11］Jönsson K. Time-specific disturbances and cross-sectional dependency in a small-sample heterogeneous panel data unit root test ［J］. Applied Economics, 2006, 38（11）: 1309-1317.

［12］Jönsson K. Cross-sectional and serial correlation in a small-sample homogeneous panel data unit root test ［J］. Applied Economics Letters, 2005, 12（14）: 899-905.

［13］池仁勇, 叶成雷. 产品创新度与企业绩效的关系研究——基于浙江中小企业的问卷调查 ［J］. 科技管理研究, 2012, 32（2）: 1-3.

［14］侯强, 王晓莉, 叶丽绮. 基于 SFA 的辽宁省城市技术效率差异分析 ［J］. 沈阳工业大学学报（社会科学版）, 2008（3）: 230-234.

［15］范凌钧, 李南, 陈燕儿. 中国高技术产业技术效率区域差异的实证分析 ［J］. 系统工程, 2011, 29（2）: 56-62.

［16］郭强，夏向阳，赵莉．高校科技成果转化影响因素及对策研究［J］．科技进步与对策，2012，29（6）：151-153.

［17］姚思宇，何海燕．高校科技成果转化影响因素研究——基于Ordered Logit 模型实证分析［J］．教育发展研究，2017，37（9）：45-52.

［18］朱宁宁，王溦溦．我国科技成果转化典型模式及影响因素研究［J］．科技与管理，2011，13（6）：34-37.

［19］关菲，崔雨欣．我国科技成果转化绩效评价与影响因素实证分析［J］．河北企业，2018（9）：65-67.

［20］李海东，吴增辉．市场视角下高校科技成果转化困境与对策［J］．中国高校科技，2018（9）：72-73.

［21］邱启程，袁春新，唐明霞．基于供给侧和需求侧需求视角的农业科技成果转化［J］．江苏农业科学，2016，44（8）：5-9.

［22］Amesse F，Cohendet P. Technology transfer revisited from the perspective of the knowledge-based economy［J］. Research policy，2001，30（9）：1459-1478.

［23］Decter M，Bennett D，Leseure M. University to business technology transfer—UK and USA comparisons［J］. Technovation，2007，27（3）：145-155.

［24］Rogers E M，Takegami S，Yin J. Lessons learned about technology transfer［J］. Technovation，2001，21（4）：253-261.

［25］李文亮，许正中，王直节．中国区域科技成果转化效率的实证研究——基于三阶段 DEA 模型［J］．管理现代化，2014，34（3）：114-116.

［26］郑力会，鄢爱民，李忠慧，金龙，胡晓宇，赵炜．国内外石油科

技成果管理对比分析及建议［J］．石油科技论坛，2018，37（4）：23-31.

[27] 邸晓燕，郭铁成．科技成果转化问题的实质及其解决［J］．科学管理研究，2013，31（6）：21-24.

[28] 宋河发，李振兴．影响制约科技成果转化和知识产权运用的问题分析与对策研究［J］．中国科学院院刊，2014，29（5）：548-557.

[29] 孙涛，王钰，李伟．区域科技成果外流的演化博弈分析——东北地区科技成果外流的原因和对策［J］．中国科技论坛，2018（5）：97-106.

[30] 付岩．辽宁省科技成果转化不畅及外流的成因及策略研究［N］．中国高新技术产业导报，2017-04-24（012）.

[31] Mehdi B, Nazanin J, Morteza M. Examine the commercialization research outcomes in Iran a structural equation model［J］. International Journal of Business and Management, 2011, 6 (7): 261-275.

[32] 叶建木，熊壮．科技成果转化政策效果的影响因素——基于湖北省"科技十条"政策的分析［J］．科技管理研究，2016，36（17）：24-28.

[33] 郭英远，张胜．科技人员参与科技成果转化收益分配的激励机制研究［J］．科学学与科学技术管理，2015，36（7）：146-154.

[34] 陈华志，张明，杨晓娟．高校科技成果转化机制的优化研究［J］．科技管理研究，2007（5）：49-50+37.

[35] 张永安，闫瑾．技术创新政策对企业创新绩效影响研究——基于政策文本分析［J］．科技进步与对策，2016，33（1）：108-113.

[36] Fox W E. Methodological and technological issues in technology transfer［J］. Ecological Engineering, 2002, 18 (4): 521-522.

[37] Bauer S M. Demand pull technology transfer applied to the field of assis-

tive technology〔J〕. The Journal of Technology Transfer, 2003, 28（3-4）: 285-303.

〔38〕Schmookler J. Invention and economic growth〔J〕. Economic History Review, 1966, 20（1）: 135.

〔39〕Mike Wright, Andy Lockett, Stephen Franklin. Technology transfer and universities' spin-out strategies〔J〕. Small Business Economics, 2003, 20（2）: 185-200.

〔40〕赵志耘, 杜红亮. 我国科技成果转化过程监测指标体系探讨〔J〕. 中国软科学, 2011（11）: 8-14.

〔41〕胡炎, 周红, 白振宇. 科研院校科技成果转化的评价体系研究〔J〕. 天津大学学报（社会科学版）, 2014, 16（4）: 321-325.

〔42〕刘希宋, 姜树凯. 科技成果转化的知识战略联盟组合合作效果评价〔J〕. 情报科学, 2009, 27（12）: 283-288.

〔43〕石善冲. 科技成果转化评价指标体系研究〔J〕. 科学学与科学技术管理, 2003（6）: 31-33.

〔44〕Yamasaki Y, Osawa Y. Proposal of industrial research and development performance indices〔J〕. R&D Management, 2005, 35（4）: 455-461.

〔45〕Youli X, Huiwei L. Research on evaluation of enterprises' technology innovation performance from the perspective of industrial cluster networks〔J〕. Energy Procedia, 2011（5）: 1279-1283.

〔46〕柴国荣, 许崇美, 闵宗陶. 科技成果转化评价指标体系设计及应用研究〔J〕. 软科学, 2010, 24（2）: 1-5.

〔47〕傅毓维, 杨贵彬, 尹航. 科技成果转化实施企业的评价与选择研

长江经济带高校科技成果转化效率及空间效应研究

究［J］．科技进步与对策，2006，23（10）：134-136．

［48］Liu X，White S. Comparing innovation systems：A framework and application to China's transitional context［J］．Research Policy，2001，30（7）：1091-1114．

［49］Song J. Science and technology in China：The Engine of rapid economic development［J］．Technology in Society，1997，19（3-4）：281-294．

［50］戚湧，朱婷婷，郭逸．科技成果市场转化模式与效率评价研究［J］．中国软科学，2015（6）：184-192．

［51］Chen K，Guan J. Measuring the efficiency of China's regional innovation systems：Application of network data envelopment analysis（DEA）［J］．Regional Studies，2012，46（3）：355-377．

［52］Fare R，Grosskopf S. Productivity and intermediate products：A frontier approach［J］．Computational Economics，1996，50（1）：65-70．

［53］Fried H O，Yaisawarng S S S. Incorporating the operating environment into a nonparametric measure of technical efficiency［J］．Journal of Productivity Analysis，1999，12（3）：249-267．

［54］Fried H O，Lovell C A K，Schmidt S S，et al. Accounting for environmental effects and statistical noise in data envelopment analysis［J］．Journal of Productivity Analysis，2002，17（1-2）：157-174．

［55］Hsu Y C，Lee C C. The impact of military technology transfer on economic growth：International Evidence［J］．Applied Economics，2012，44（19）：2437-2449．

［56］梁树广．高校科技成果转化效率的区域差异及其影响因素分析

［J］．统计与决策，2018，34（12）：86-89.

［57］Hansen M T, Birkinshaw J. The innovation value chain［J］. Harvard Business Review, 2007, 85 (6)：121-30, 142.

［58］任英华，周光洪．模糊综合评价法在科技成果转化为技术标准潜力分析中的应用［J］．统计与决策，2007（23）：86-88.

［59］查奇芬，董洁，陈祖功．主客观组合赋权法在科技成果转化评价分析中的应用［J］．统计与决策，2009（16）：152-154.

［60］董洁，陈祖功．基于科技中介服务的科技成果转化质量评价研究［J］．科学管理研究，2009，27（5）：44-46.

［61］傅毓维，尹航．基于 BP 神经网络国防科技成果转化评价研究［J］．技术经济，2005（1）：60-62.

［62］陈腾，叶春明，沈杰．基于 DEA 方法对高校科技成果转化效果评价［J］．情报科学，2006（8）：1199-1202.

［63］徐辉，刘唐伟．科研院所科技成果转化能力的模糊评价［J］．西北民族学院学报（自然科学版），2001（2）：28-31.

［64］王敬东，邹弈星，冯文帅．基于熵权分析的涉农企业成果转化可实现程度计算与评价——以四川省为例［J］．科技管理研究，2014，34（16）：36-40+45.

［65］陈伟，康鑫，冯志军，田世海．基于 GEM-DEA 模型的区域高技术企业科技成果转化效率评价研究［J］．软科学，2011，25（4）：23-26+35.

［66］Link A N, Siegel D S. Generating science-based growth：An econometric analysis of the impact of organizational incentives on university-industry technology transfer［J］. European Journal of Finance, 2005, 11 (3)：169-181.

［67］林江，周少君，黄亮雄．区域合作与科技成果转化效率——基于"泛珠三角"区域框架的实证分析［J］．财经研究，2011（12）：129-139.

［68］贺京同，冯尧．中国高技术产业科技成果转化效率的实证研究——基于 DEA-Malmquist 指数方法［J］．云南社会科学，2011（4）：92-97.

［69］李玲娟，霍国庆，曾明彬，等．基于价值链的科技成果转化政策述评［J］．科学管理研究，2014，32（1）：10-14+38.

［70］Palmberg C. The sources and success of innovations—Determinants of commercialisation and break-even times［J］.Technovation，2006，26（11）：1253-1267.

［71］Lee H L，Schmidt G. Using value chains to enhance innovation［J］.Production and Operations Management，2017，26（4）：617-632.

［72］靳瑞杰，江旭．高校科技成果转化"路在何方"？——基于过程性视角的转化渠道研究［J］．科学学与科学技术管理，2019，40（12）：35-57.

［73］李忠华，王誉．促进科技成果转移转化的理论与文献综述［J］．经济研究导刊，2018（9）：175+197.

［74］贺德方．对科技成果及科技成果转化若干基本概念的辨析与思考［J］．中国软科学，2011（11）：1-7.

［75］王欣．高校科技成果转化机理与对策研究［M］．北京：科学出版社，2017.

［76］熊彼特．经济发展理论［M］．北京：商务印书馆，1991.

［77］叶明．技术创新理论的由来与发展［J］．软科学，1990（3）：

7-10.

［78］ Mack P, Rogers E M. Diffusion of Innovations ［J］. Journal of Continuing Education in the Health Professions, 1997, 17 (1): 62-64.

［79］ Hauser J, Tellis G J, Griffin A. Research on innovation: A review and agenda for marketing science ［J］. Marketing Science, 2006, 25 (6): 687-717.

［80］ Tellis G J. Organizing for radical product innovation ［J］. Journal on Advances in Signal Processing, 1998, 2007 (1): 1-10.

［81］ Birnbaum R, Christensen C M, Raynor M E. The innovator's dilemma: When new technologies cause great firms to fail ［J］. Academe, 2005, 91 (1): 80.

［82］ 吴晓波, 吴东. 论创新链的系统演化及其政策含义 ［J］. 自然辩证法研究, 2008, 24 (12): 58-62.

［83］ 黄钢. 农业科技价值链系统创新论 ［M］. 北京: 中国农业科学技术出版社, 2007.

［84］ Pavitt K. Sectoral patterns of technical change: Towards a taxonomy and a theory ［J］. Research Policy, 1984, 13 (6): 343-373.

［85］ Hage J, Hollingsworth J R. A strategy for the analysis of idea innovation networks and institutions ［J］. Organization Studies, 2000, 21 (5): 971-1004.

［86］ Gloor P A. Swarm creativity: Competitive advantage through collaborative innovation networks ［M］. Oxford: Oxford University Press, 2006.

［87］ 陈劲, 阳银娟. 协同创新的理论基础与内涵 ［J］. 科学学研究, 2012, 30 (2): 161-164.

［88］胡建团. 创新集聚的空间效应研究［D］. 中国地质大学，2018.

［89］蔡海亚，徐盈之，赵永亮. 产业协同集聚的空间关联及溢出效应［J］. 统计与决策，2021（10）：111-115.

［90］符森. 地理距离和技术外溢效应——对技术和经济集聚现象的空间计量学解释［J］. 经济学（季刊），2009，8（4）：1549-1566.

［91］潘文卿. 中国的区域关联与经济增长的空间溢出效应［J］. 经济研究，2012，47（1）：54-65.

［92］陈瑶，陈湘满. 房价、房价收入比对中国城镇化的影响与空间效应实证分析［J］. 经济地理，2021，41（4）：57-65.

［93］卢瑜，向平安，余亮. 中国有机农业的集聚与空间依赖性［J］. 中国生态农业学报（中英文），2021，29（3）：440-452.

［94］余英，张丹丹. 财政补贴、金融发展对技术创新两阶段影响——基于高新技术企业的研究［J］. 地方财政研究，2018（7）：65-73.

［95］郭杰，李杰. 基于四阶段 DEA 方法的我国科技成果转化效率分析［J］. 河南财政税务高等专科学校学报，2017，31（1）：6-13.

［96］董洁，黄付杰. 中国科技成果转化效率及其影响因素研究——基于随机前沿函数的实证分析［J］. 软科学，2012，26（10）：15-20.

［97］何彬，范硕. 中国大学科技成果转化效率演变与影响因素——基于 Bootstrap-DEA 方法和面板 Tobit 模型的分析［J］. 科学学与科学技术管理，2013（10）：85-94.

［98］张权. 中国科技成果转化效率比较及对策研究［J］. 科技管理研究，2014（13）：141-144.

［99］罗茜，高蓉蓉，曹丽娜. 高校科技成果转化效率测度分析与影响

因素扎根研究——以江苏省为例［J］. 科技进步与对策，2018，35（5）：43-51.

［100］宋慧勇. 基于分类 DEA 的高校科技成果转化绩效评价——以江苏省 39 所本科高校为例［J］. 科技和产业，2014，14（10）：83-87.

［101］冯尧. 基于 DEA 方法的我国高技术产业科技成果转化效率研究［J］. 学术交流，2011，204（3）：101-105.

［102］李邃，江可申，郑兵云. 基于链式关联网络的区域创新效率研究——以江苏为研究对象［J］. 科学学与科学技术管理，2011，32（11）：131-137.

［103］杜德斌. 全面客观认识我国高校科技成果转化问题［N］. 光明日报，2015-12-12（007）.

［104］刘霞，赵宇萱，范小军. 产教融合下高校科技成果转化效率评价研究［J］. 科技管理研究，2020（15）.

［105］何悦，陈丽玉，何慧芳. 我国研究型大学科技成果转化效率评价——基于网络 DEA 模型［J］. 科技管理研究，2018，38（15）：85-92.

［106］田庆锋，苗朵朵，张硕，张添. 军民融合型高校的科技成果转化效率及路径［J］. 科技管理研究，2020，40（8）：91-101.

［107］王赵琛，张春鹏，董红霞. 24 所部属高校科技成果转化效率的 DEA 分析［J］. 科研管理，2020，41（4）：280-288.

［108］童洪志. 高校科研创新行为的影响因素——重庆地区 65 所高校 1997-2018 年科研成果数据分析［J］. 中国高校科技，2020（6）：31-34.

［109］涂立桥，黄小荣，陈峰. 中部地区与发达地区高校产学研合作绩效比较研究［J］. 科技进步与对策，2017，34（20）：37-44.

[110] 丁华, 孙萍. 基于熵权法的高校科技成果评价——以辽宁省高校为例 [J]. 现代教育管理, 2016 (7): 57-60.

[111] Wang Y, Pan J, Pei R, et al. Assessing the technological innovation efficiency of China's high-tech industries with a two-stage network DEA approach [J]. Socio-Economic Planning Sciences, 2020 (71): 100810.

[112] Guo C, J Zhang, Zhang L. Two-stage additive network DEA: Duality, frontier projection and divisional efficiency [J]. Expert Systems with Applications, 2020 (157): 113478.

[113] Li Y, Yao C, Liang L, et al. DEA models for extended two-Stage network structures [J]. International Series in Operations Research & Management Science, 2012: 40 (5): 611-618.

[114] Kao C, Hwang S N. Efficiency decomposition in two-stage data envelopment analysis: An application to non-life insurance companies in Taiwan [J]. European Journal of Operational Research, 2008, 185 (1): 418-429.

[115] Caves D W, Christensen L R, Diewert W E. The economic theory of index numbers and the measurement of input, output, and productivity [J]. Econometrica: Journal of the Econometric Society, 1982 (50): 1393-1414.

[116] 游士兵, 苏正华, 任静儒. 湖北省资本投入效率核算及技术水平影响分析 [J]. 科技进步与对策, 2013, 30 (24): 46-50.

[117] 李韵婷, 曾慧君, 张日新. 协同创新视角下高校科技成果转化研究——基于广东和江苏 166 家高等院校的实证分析 [J]. 科技管理研究, 2019, 39 (8): 201-207.

[118] Greene W H. On the asymptotic bias of the ordinary least squares esti-

mator of the Tobit model ［J］. Econometrica：Journal of the Econometric Society，1981，49（2）：505-513.

［119］Debnath A K，Blackman R，Haworth N. A tobit model for analyzing speed limit compliance in work zones ［J］. Safety Science，2014（70）：367-377.

［120］Liu J，Zhang J，Fu Z. Tourism eco-efficiency of Chinese coastal cities-analysis based on the DEA-Tobit model ［J］. Ocean & Coastal Management，2017（148）：164-170.

［121］冯锋，崔晓峰，张雷勇. 高校科技成果转化机会的影响因素分析——基于扎根理论的研究 ［J］. 华南理工大学学报（社会科学版），2020（4）.

［122］潘雄锋，张维维. 基于空间效应视角的中国区域创新收敛性分析［J］. 管理工程学报，2013，27（1）：62-67.

［123］马大来，陈仲常，王玲. 中国区域创新效率的收敛性研究：基于空间经济学视角 ［J］. 管理工程学报，2017，31（1）：71-78.

［124］Wu N，Liu Z K. Higher education development，technological innovation and industrial structure upgrade ［J］. Technological Forecasting and Social Change，2021（162）：120400.

［125］Xia K，Guo J，Han Z，et al. Analysis of the scientific and technological innovation efficiency and regional differences of the land-sea coordination in China's coastal areas ［J］. Ocean & Coastal Management，2019（172）：157-165.

［126］杜宇，黄成. 长江经济带高技术制造业创新效率时空格局演变研究 ［J］. 科技进步与对策，2019，36（21）：35-42.

［127］庞瑞秋，腾飞，魏冶．基于地理加权回归的吉林省人口城镇化动力机制分析［J］．地理科学，2014，34（10）：1210-1217.

［128］王守坤．空间计量模型中权重矩阵的类型与选择［J］．经济数学，2013，30（3）：57-63.

［129］杨雅婷，方磊．高校科技成果转化的制约因素及应对之策［J］．中国高校科技，2018（11）：77-78.

［130］季柳，蒋伏心．高校科研资源转化是否有效促进了企业技术创新——基于效率视角的实证分析［J］．财会月刊，2018（2）：51-57.

［131］柳卸林，高雨辰，丁雪辰．寻找创新驱动发展的新理论思维——基于新熊彼特增长理论的思考［J］．管理世界，2017（12）：8-19.

［132］李振国，温珂，方新．中央与地方科技事权和支出责任划分研究——基于分级制试验与控制权分配的视角［J］．管理世界，2018，34（7）：26-31.

后 记

　　时光悄然流逝，六年的博士求学生活就要结束了。回首这六年的学习与生活，留下了无数难忘的回忆。中国地质大学以其优良的学习风气、严谨的科研氛围教我求学；以其博大宽广的情怀胸襟、浪漫充实的校园生活育我成长。在本书即将完成之际，我真心向在此期间关心过、帮助过我的长辈、老师、亲人、同学和朋友们致以最诚挚的敬意和感谢。

　　首先，我要感谢我的导师余瑞祥教授，本书正是在余老师的悉心指导下完成的。本书完成过程中，遇到了不少困难和挫折，幸亏有余老师的帮助，才克服了重重挫折和困难。更重要的是，在这六年里，无论是学习还是生活，余老师都给予我悉心指导和无微不至的关怀。在学术上，余老师严谨治学，一丝不苟，随时把握学术发展的最新动态，他这种严谨的治学态度以及渊博的学识使我受益匪浅。余老师经历丰富，在生活中，为人和善，待人诚恳，从余老师这里学到的不仅是学术知识，还有为人处世的道理。余老师严谨治学、思维缜密的学术态度，和蔼可亲、乐观豁达的人格魅力为我树立了学习的典范。千言万语无以言表，感恩之情铭记在心。

其次，感谢实践导师罗林波研究员，我有幸参加了实践导师的多项课题和软科学项目，从中学到了不少知识，积累了很多实操经验，为本书的顺利完成奠定了基础。

感谢中国地质大学经济管理学院所有教过我的老师，包括成金华老师、李通屏老师、吴巧生老师、刘江宜老师、邓宏兵老师、洪水峰老师、肖建忠老师、杨树旺老师、徐德义老师等，正是各位老师的辛勤劳动和无私教诲帮助我完成了学业。从各位老师那里学到的不仅是终身受用的知识，还有做人的道理。

再次，感谢一路走来陪在身边的朋友们，特别感谢好友李文静对我研究工作给予的莫大帮助，感谢廖灿、张凯、卢方瑞、钟保镜、左娅菲、余华、包韶睿、文超、肖滢等好友，在我迷茫、束手无策时，给予温暖和鼓励。要感谢的朋友太多，不能一一提及，与你们共同学习与生活的日子，是我一生无法忘却的时光。愿友谊长存！

最后，感谢我最亲爱的家人们，感谢含辛茹苦把我抚养成人的父母，你们给予的信任和鼓励是我一路走来的最大动力。感谢彭子衿小宝贝的乖巧懂事，能让妈妈腾出时间专注于学业。做一个爱学习的好妈妈，成为你的榜样是我一辈子最大的追求！